AF613462

DE

L'ORGANISATION DU TRAVAIL

DE LA TERRE

AUX COLONIES FRANÇAISES

PAR

Le Docteur Th. LACASCADE

EX-COMMISSAIRE DU GOUVERNEMENT A L'ÉMIGRATION.

« La terre après l'engagement, voilà la seule solution honnête du problème de notre prospérité industrielle. »

T. L.

PRIX : 1 Fr 50

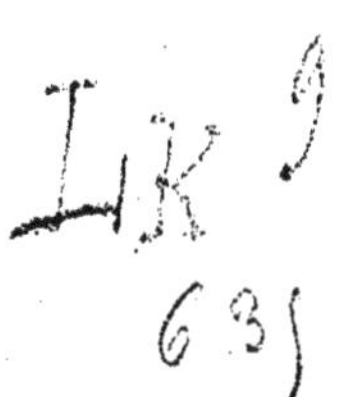

PARIS

IMPRIMERIE DE E. BRIÈRE,

Rue Saint-Honoré, 257.

1872

AUX FILS DES COLONS DE 1848.

A quelques exceptions près, le pays ne compte plus sur les Gérontes de l'aristocratie terrienne aux colonies. Réfractaires aux leçons du passé, aveugles aux enseignements du présent, ils s'obstinent à des essais d'organisation qui aboutiront à la ruine de l'industrie coloniale.

Ils sont inconscients du progrès moral et du progrès industriel.

Mais vous, héritiers d'un passé déplorable, voulez-vous être les souteneurs de ces doctrines répudiées par la science et par l'humanité ?

Non, sans doute.

Rangez-vous donc avec les nombreux amis du progrès qui travaillent, aux colonies, à la régénération de notre société.

Ils luttent, ces amis sincères à qui nous confions le soin de faire progresser l'idée développée dans ce livre, ils luttent pour la liberté et la justice : pourquoi vous tiendriez-vous à l'écart ?

Malgré les divergences d'opinions politiques que nous avons eu parfois le regret de constater entre nous et le parti auquel vous appartenez, nous croyons qu'il est pourtant un terrain sur lequel nous pouvons tous nous serrer les mains, c'est celui où se plaident les vrais intérêts de nos colonies.

L'amour du pays nous doit inspirer tous au même titre.

L'avenir, nous l'espérons, complétera cette entente qu'il est surtout de votre intérêt d'établir entre tous les hommes bien pensants. Pour cela il suffit de nous décider à porter désormais les questions qui nous divisent au tribunal de la raison et de la science, et non à celui de la passion et des préjugés.

TH. LACASCADE.

Mai 1872.

INTRODUCTION

En abolissant aux colonies françaises une institution inique que la complaisance de la Monarchie, d'une part, et les doléances des colons intéressés, de l'autre, laissaient subsister depuis trois siècles, la République de 1848 fit un grand acte de justice. Elle ne pouvait, sans mentir à son origine, à ses principes, continuer aux possesseurs d'esclaves une exploitation qui répugnait à tous les cœurs honnêtes. La Convention, du reste, dans la mémorable journée du 16 pluviose an II (4 février 1794), avait déjà aboli l'esclavage (1); le peuple du 24 février ne pouvait donc tolérer son existence nouvelle, due, on le sait, à un des actes les plus odieux du premier Consul.

---

(1) 16 pluviose an II, date mémorable pour les colonies françaises! Ce fut sur la proposition des citoyens Levasseur, de la Sarthe, et Lacroix, d'Eure-et-Loir, et après un remarquable discours d'un des députés de Saint-Domingue, que l'esclavage fut aboli dans toutes les possessions françaises.

Déjà, à la séance de la veille, le citoyen Lacroix avait provoqué les applaudissements unanimes de la Convention, en demandant que l'introduction des représentants coloniaux fût marquée par l'accolade fraternelle du président Vadier.

« Président, dit Lacroix à la séance du 16 pluviose, ne souffre pas que la Convention se déshonore par une plus longue discussion », et l'Assemblée entière se lève par acclamation, et Vadier prononce l'abolition de l'esclavage au milieu des applaudissements et des cris mille fois répétés de *Vive la République! Vive la Convention! Vive la Montagne!* cris qu'à 78 ans d'intervalle nous poussons, nous aussi, avec amour et reconnaissance.

Mais le gouvernement républicain ne se montra pas seulement empressé de détruire cette injustice des lois coloniales, il prouva qu'il savait aussi veiller aux intérêts généraux du pays, et donnant en cela la mesure de sa sollicitude pour la prospérité de nos îles, il ouvrit à l'émigration libre les anciennes colonies à esclaves.

C'était un acte de sagesse à côté d'un acte de justice.

Ainsi fut complété le décret du 27 avril 1848 par les mesures prises en 1849, sur la proposition de la Commission que présidait notre illustre Schœlcher, pour l'introduction de travailleurs européens aux colonies françaises.

L'on pensait alors pouvoir suppléer par l'émigration au manque de bras qui allait se faire sentir sur les propriétés cultivées en cannes ; mais il n'était certes pas venu à la pensée des organisateurs du travail aux colonies de remplacer les travailleurs créoles par des bras étrangers, à l'aide d'un courant continu d'immigrants. Tant de calculs n'entraient pas non plus dans les projets des *landlords* timorés de l'époque.

Mais, depuis, le succès d'une indemnité, qui n'était due qu'à ceux que trois siècles d'injustice avaient courbés sous un joug odieux ou qui, du moins, ne devait servir qu'à l'organisation nouvelle du travail libre ; le retour de cette influence que les colons devaient à quelques coteries organisées dans l'entourage ministériel ; le meurtre des libertés de la France au 2 décembre présageant aux colonies la perte de leurs conquêtes dans l'ordre moral et social ; l'apparition de ce César sanguinaire qui promettait peut-être aux anciens maîtres de reprendre l'œuvre impie de son oncle, tant de succès par l'injustice, l'audace et le crime ne tardèrent pas à réveiller les convoitises et la rancune de ceux qui, trois ans auparavant, po[illegible]aient leurs doléances à la commission où siégeaient Schœlcher, Perrinon et Gatine.

Ceux qui, en 1848, eussent été heureux d'obtenir un système de travail fondé sur l'association, ne voulaient même plus du travail sur le plan d'organisation du général Desfourneaux. Ils réclamèrent l'immigration et une immigration à courant continu.

En 1852, à la suite d'insuccès dans l'organisation du travail telle que l'avait voulue la Commission instituée le 4 mars (insuccès dont nous allons rechercher les causes variées), on fit de nouveaux règlements pour attirer dans les colonies un courant continu de travailleurs africains et indiens.

Ainsi fut perdu le résultat que les hommes honnêtes attendaient du consciencieux travail médité en 1848, et des mesures auxquelles il donna lieu pour empêcher la ruine de notre industrie, tout en sauvegardant les droits des nouveaux libres.

Mais après avoir sacrifié l'avenir des colonies à des essais dans le présent, voilà qu'on s'aperçoit que ces essais aboutissent à des résultats négatifs, et l'esprit des planteurs s'ingénie à trouver une nouvelle combinaison qui, sans battre en brèche leur vanité, rende plus solide l'édifice de leur fortune, une combinaison, enfin, qui leur procure des travailleurs et leur laisse leur suprématie et leurs revenus.

Si celle que nous présentons ne satisfait pas au programme que le rapporteur de la commission de l'immigration a tracé au Conseil général de la Guadeloupe, si l'examen des différentes questions que nous offre une semblable étude, depuis longtemps objet de nôtre méditation, nous conduit à une solution qui n'est pas celle de la majorité des propriétaires créoles, nous n'avons aucune excuse à présenter, aucun regret à exprimer. L'économie politique a des lois que l'on ne peut méconnaître; et la philosophie des vérités que l'on ne cache pas longtemps aux masses.

DE
L'ORGANISATION DU TRAVAIL
DE LA TERRE
AUX COLONIES FRANÇAISES.

CHAPITRE PREMIER.

L'immigration a-t-elle été, est-elle encore nécessaire aux colonies françaises ?

Depuis que le décret du 13 février 1852 a permis de recruter quelques milliers de travailleurs étrangers pour chacune de nos grandes colonies, depuis surtout la convention du 1er juillet 1861, qui mit à la disposition des planteurs les bras en excès dans l'immense Empire anglais de l'Inde, la question que nous venons de poser semble, pour quelques-uns, n'avoir plus d'actualité.

On a eu besoin de bras étrangers pour le travail de la canne.

On en a trouvé.

L'on continue à en recruter.

Donc la colonie ne peut vivre sans l'immigration.

Cette façon de raisonner est pour le moins spécieuse. — Escobard a dû avoir des attaches à quelque colon de son temps.

Voyons à notre tour.

Si, avant l'abolition de l'esclavage, les hommes éclairés et animés de sentiments si élevés, qui ont fait partie de la commission instituée le 4 mars, se sont émus de la possibilité de voir les nouveaux affranchis déserter en partie la culture de la canne, s'ils ont cherché à atténuer ce résultat fâcheux pour notre industrie coloniale, c'est qu'il était aisé de prévoir que des hommes, qui n'avaient travaillé à la terre que contraints par le régime de l'esclavage, devaient regarder ce travail comme l'emblême même de l'esclavage, devaient, une fois arrivés à la liberté, fuir pendant quelque temps cette culture où ils étaient traînés chaque matin sous le fouet du *comman-deur*, et où ils trouvaient, comme compagnons d'infortune, comme auxiliaires, des vagabonds de race blanche, que par mesure disciplinaire l'on incorporait autrefois aux ateliers noirs (1).

Point n'était donc besoin d'être économiste ou philosophe pour prévoir que les anciens ateliers allaient subir une importante diminution. Pourquoi n'a-t-on pas instruit ces hommes pendant que, esclaves, ils enrichissaient les colons ? Pourquoi n'a-t-on pas développé chez eux l'amour du travail, les sentiments de la famille, l'idée de progrès et de civilisation ? On les aurait vus alors comprendre, au lendemain même de leur affranchissement, ce que nous comprenons tous : — la nécessité du travail comme moyen de régénération ; on aurait prévenu toute solution de continuité entre le travail servile, qui cessait, et le travail libre, qui allait commencer. Mais non, pendant trois cents ans, on a assimilé l'esclave à la brute, et le jour de sa liberté on vient lui dire : « Rends grâces au maître qui te laisse encore la boue ; adore ce qui t'a brûlé ! » Les tyrans se ressemblent tous ! Remerciez Dieu, Messieurs les colons, que tous les opprimés ne se

---

(1) La loi de 1671 obligeait tous les capitaines de navires allant aux Antilles à prendre à leur bord un certain nombre d'engagés. Plus tard, comme ce recrutement devenait difficile, il fut décidé, en 1721, que l'Etat fournirait lui-même aux capitaines ces hommes, qu'ils étaient tenus de présenter à leur arrivée dans la colonie. Ces passagers furent pour la plupart des condamnés à la prison. Ils servaient comme engagés dans les ateliers, où l'on incorporait aussi, au même titre, tous les Européens vagabonds des îles.

ressemblent pas. Les vôtres ont été calmes et honnêtes, et l'ignorance que vous aviez pris soin d'entretenir chez eux leur a été plus funeste qu'à vous.

L'histoire impartiale, au nom de la morale et de l'économie, demande déjà aux anciens possesseurs d'esclaves un compte sévère de l'état d'infériorité de ceux qu'ils ont courbés si longtemps sous le joug de leurs passions et qu'ils ont livrés à la civilisation sans idées, sans notions, sans avenir. Elle leur demande ce qu'ils ont fait des sommes considérables que, depuis 1839, la France votait chaque année au budget de la marine pour la moralisation et l'instruction des esclaves.

Tant de courageux efforts de la part de ceux qui ont obtenu ces subventions, tant de sacrifices imposés à la patrie qui appelait à la civilisation les déclassés, les out-lawes de la société coloniale ont été perdus, grâce aux mesures prises par des gens trop heureux d'entraver la régénération de la race noire.

Sans remonter, en effet, bien loin dans les annales coloniales, n'envisageant le rôle joué par les propriétaires créoles que pendant les dix à douze années qui ont précédé 1848, et pendant lesquelles tous les esprits libéraux, en France, demandaient un terme à cette lugubre tragédie qui se jouait depuis si longtemps, sous le titre de l'*Esclavage*, l'on constate ce qui suit :

En 1839, une somme de 650,000 fr. a été destinée à l'instruction et à la moralisation des esclaves sous la désignation de « *Fonds de moralisation.* »

200,000 fr. devaient servir à l'augmentation du clergé.

200,000 fr. à la construction de chapelles sur les habitations.

50,000 fr. au patronage des esclaves.

200,000 fr. à l'établissement d'écoles primaires.

Or, quel a été l'emploi de ces fonds ? quel a été le résultat de cette tentative de moralisation ? Voici la vérité, — elle est bien triste :

1° A la Martinique, les fonds destinés à la construction des chapelles rurales ont été presque entièrement employés à l'embellissement des églises des chefs-lieux, où il n'y avait point place pour les esclaves ;

2° En ce qui concerne la partie du crédit « de moralisation » affectée au patronage des esclaves, il nous suffira de dire, pour en montrer le mauvais emploi, qu'elle a été consacrée à l'augmentation du nombre des substituts aux colonies, c'est-à-dire à la création dans la magistrature coloniale de nouveaux priviléges pour les fils de propriétaires d'esclaves. C'était augmenter le nombre de ceux qui continuaient les déplorables traditions de M. Richard de Lucy, un de leurs plus sinistres devanciers. Etait-ce là l'esprit de la loi du 5 janvier 1840 sur le patronage des esclaves?

3° A la Martinique, sur treize écoles gratuites, il n'y avait que *trois* jeunes esclaves seulement admis aux bienfaits de l'instruction.

A la Guadeloupe, sur 1,532 enfants admis gratuitement dans les écoles, on ne comptait pas un esclave. Seule la petite île de Saint-Martin offrit la gratuité de l'instruction primaire à sept de ces petits déclassés, grâce, sans doute, à sa situation géographique plus voisine de la civilisation anglaise, grâce à la position de ce délicieux rocher d'où, comme le disait M. d'Haussonville, défenseur de la liberté des noirs, à la séance du 14 mai 1846 à la Chambre des Députés, « d'où, par ces belles et transparentes journées qui sont fréquentes dans ces climats, de malheureux esclaves français pouvaient apercevoir à l'horizon des terres plus heureuses où leurs compagnons d'infortune étaient déjà rendus à la liberté. »

Ainsi s'est trouvée perdue cette grande ressource appelée « fonds de moralisation »; ainsi a été gaspillé l'argent de la généreuse France au profit du clergé souvent de connivence avec les maîtres, en faveur des instituteurs communaux qui n'instruisaient que les enfants libres, et enfin de prétendus patrons légaux des esclaves qui ne servaient que les rancunes patriciennes.

Certes, nous ne voulons pas absoudre ce peuple de travailleurs désertant les champs après l'émancipation; mais quand nous entendons la plupart des colons répéter que depuis leur liberté les noirs ont toujours refusé le travail sur les habitations; quand nous lisons dans le rapport de la commission de l'immigration au Conseil général que « le sort de la Guadeloupe dépend absolument de l'immigration dans son sein de travailleurs de toute provenance; » que « si les ateliers ne sont pas alimentés par l'immigration des bras étrangers, nous serons en face de la ruine; » quand nous voyons cette commission proposer au président du Conseil général d'écrire directement au président de l'Assemblée nationale pour demander la reprise de l'immigration africaine à courant continu, il est alors de notre devoir de rechercher si le fait de la désertion des champs après la liberté de 1848 doit être imputé aux seuls anciens esclaves, il est de notre intérêt de scruter l'histoire, de consulter les lois de l'économie politique pour savoir si, après l'émancipation, il n'était pas un moyen de sauver notre industrie coloniale sans faire appel à des bras étrangers.

Nous avons fait voir déjà combien les maîtres et les patrons légaux des esclaves s'étaient appliqués à écarter ceux-ci des foyers d'instruction, combien peu ils avaient pris soin de développper en eux les idées de moralisation, la notion du progrès; nous allons montrer maintenant qu'ils ont, de même, cherché de tout temps à les détourner de l'amour du travail libre en les empêchant d'acquérir les connaissances nécessaires même à leur métier.

Pourquoi, en effet, ont-ils gardé intact le fonds de 360,000 fr. alloués pour la création d'établissements agricoles, en exécution de la loi du 19 juillet 1845; et pourtant les instructions adressées aux colonies, en date du 29 août suivant, indiquaient nettement le but de cette nouvelle allocation :

« Les habitations domaniales serviront de base à l'application des mesures que le gouvernement croira devoir adopter. C'est sur ces habitations qu'il faudra simultanément ou successivement :

» Placer les travailleurs européens.....

» Recueillir les noirs des deux sexes appartenant à la classe des affranchis;.... employer avec salaire, à mesure qu'ils seront libérés, les noirs aujourd'hui appartenant au domaine;.... enfin *modifier les anciennes formes du travail, essayer tous les moyens qui se présenteront pour intéresser les noirs aux résultats de l'exploitation, et appliquer toutes les méthodes..... dont il paraîtra utile de donner*

» *l'exemple aux propriétaires.* » (Instructions ministérielles du 29 août 1845.)

Cette instruction, dont les termes sont si nets, si précis, dont la pensée est si généreuse et le but si moralisateur, gênait donc bien les tendances, les vues des colons pour qu'ils aient travaillé à en entraver l'accomplissement. Non, ils n'ont pas voulu essayer « de modifier les anciennes formes du travail ; » ils se sont refusé à « intéresser les noirs aux résultats de l'exploitation » et pour ne pas permettre un pareil *exemple*, ils ont fait garder intact le fonds de 360,000 fr. envoyés dans ce but.

S'il était besoin de produire d'autres faits pour prouver que ceux-là même qui se sont écriés en 1848 que les noirs ne savaient pas comprendre la liberté ont été les premiers à les tenir dans l'ignorance des engagements que la liberté exige, il nous suffirait de rappeler combien ces détracteurs du travail libre se sont montrés hostiles aux tendances libérales lors du projet d'émancipation des noirs des habitations coloniales. Qu'on relise les plaintes qu'ils ont fait porter à la tribune par M. Jollivet (Chambre des Députés, séance du 13 juin 1846), qu'on parcoure la brochure de M. Drewcton, alors comme aujourd'hui juge de paix à la Pointe-à-Pitre, brochure accusatrice et pleine de calomnies à l'adresse de ceux dont l'auteur se disait le patron. — M. Drewcton croyait, en effet, être abolitioniste ; mais il lui manquait et le cœur et l'accent de cet ami de la liberté qui, comme lui propriétaire d'esclaves, s'écriait néanmoins : « Je ne puis ni ne veux justifier cela. » Quelque coupable que soit ma conduite, je rendrai hommage à la vertu jusqu'à reconnaître l'excellence et la droiture de ses préceptes, et à déplorer mon défaut de conformation avec eux. » (Discours de Charles Sumner au Sénat américain, séance du 26 août 1852.)

Et maintenant, nous en appelons à tous les hommes honnêtes, les colons d'avant 1848 étaient-ils animés du sincère désir de pousser leurs travailleurs dans la voie du progrès ? Ont-ils fait, avant l'émancipation, ce que la conscience et la morale leur dictaient, ce que les règlements leur prescrivaient pour améliorer l'état d'infériorité de leurs esclaves.

Non, non, non!

Et après l'émancipation, leur conduite a-t-elle été plus sage? — N'ont-ils pas, eux aussi, une part de reproches dans l'insuccès des tentatives faites pour l'organisation du travail libre par les seuls bras créoles? Oui, car s'il était prudent de rechercher, avant même l'abolition de l'esclavage, les moyens de combler les vides de nos ateliers, il était plus sage, une fois la liberté des noirs proclamée, d'arrêter par les moyens de persuasion, par une organisation vraiment protectrice de tous les intérêts, par des engagements solennellement pris et honnêtement tenus, il était plus sage, disons-nous, d'arrêter cet abandon des champs. Pour cela qu'eût-il fallu? Moins de morgue de la part de ceux qui possédaient aurait produit moins de résistance de la part de ceux qui n'avaient pour toute richesse que leur récente liberté!

Nous savons bien qu'en dehors des théories émises dans les journaux et développées dans des brochures, quelques timides essais ont été tentés dans la voie que nous aurions voulu voir suivie par tous les maîtres, bien que ce ne fût pas encore là une mesure efficace et sûre; mais, et par leur caractère privé et par le petit nombre de ceux qui les tentaient, ces mesures n'étaient nullement propres à briser cette épée de Damoclès que les colonies n'apercevaient pas sans effroi dans un prochain horizon.

C'est ainsi que le colonage partiaire a été essayé, mais seulement par un petit nombre de propriétaires et pour un chiffre restreint d'affranchis, dans le but, souvent avoué, d'user de l'influence de ces favoris du maître sur leurs camarades pour les retenir au travail faiblement rémunéré des champs.

C'est ainsi encore qu'on a proposé aux noirs la location de quelques hectares des plus mauvaises terres de l'habitation, réservant le reste pour l'immigration étrangère qu'on ne cessait de réclamer, et qui commençait déjà, avec quelques centaines d'Européens et quelques Portugais de Madère.

Mais, de mesure radicale, ménageant à la fois la fortune du propriétaire et l'avenir du travailleur, point. C'était pourtant l'heure des grandes conceptions et des grandes réformes.

Quelques-unes ont germé, mais elles ont été bientôt étouffées par le souffle malsain des passions coloniales.

Les salaires de nos ateliers, nous dira-t-on peut-être, tels que les travailleurs l'exigeaient, auraient vite absorbé nos ressources. — Hé bien ! dans ce cas, nous répondrons : Il fallait donner quelque chose qui eût plus d'attrait pour l'homme libre, quelque chose qui l'attachât à son travail mieux que ne le fait la paie du samedi ; il faillait lui donner... la terre ; oui, la terre, en récompense de ses labeurs assidus ; la terre, à l'expiration d'un engagement de travail. « Un » pays », comme nous le disions dernièrement à M. Chevo dans une lettre qui avait un caractère tout confidentiel et que l'indiscrétion d'un ami a rendue publique, « un pays qui, à » cause de son organisation politique ou économique, ne » peut prospérer qu'en sacrifiant une partie de sa population, » un tel pays se doit à une réforme radicale. » Pour nos colonies, après l'émancipation, cette réforme aurait dû être une organisation du travail, organisation conviant tous les bras libres à la culture du sol et au partage des richesses dues à sa fertilité, organisation enfin qui, tout en respectant les droits acquis, ferait une plus large part de bien-être au travailleur, créerait pour lui une part de bénéfices, en un mot, un avenir.

Etaient-ce là les vues économiques de ceux qui, après avoir tout mis en œuvre pour entraver l'exécution des lois généreuses de 1839, du 5 janvier 1840, des 18 et 19 juillet 1845, etc., n'épargnaient plus les calomnies aux anciennes victimes de leur impudence? Non, ils le disaient hautement eux-mêmes. Non, car ils avaient déjà, même avant le 24 février, une idée fixe : l'immigration de travailleurs étrangers destinés à remplacer les noirs. Cette tendance se voit, en effet, dans l'adresse du Conseil colonial de la Martinique en 1847. Cette idée s'est encore exprimée par cette phrase, due à la plume d'un écrivain colonial : « Il ne s'agit plus de trouver » des habitants, des *propriétaires futurs*, il s'agit de trouver » de véritables travailleurs. » (Maurel, journal *l'Avenir*, de la Pointe-à-Pitre, 1846.)

Ah ! Schœlcher avait bien raison quand, dès les premières

discussions sur l'immigration aux colonies, il disait qu'avant tout il fallait détourner la pensée des colons de ces emprunts de travailleurs étrangers.

Eh bien! fils des colons de 1848, c'est à vous que nous nous adressons aujourd'hui, — nous sommes de la même époque, — c'est à vous, généreuse génération de Bourbon, qui avez battu des mains au 27 avril 1848 et avez envoyé une adresse de félicitations à la Commission qui travaillait à nos intérêts communs; c'est à vous tous enfin, qui voyez l'insuccès des essais tentés pour l'organisation du travail chez nous, que nous en appelons; est-il trop tard pour appliquer à des pays ayant besoin de prospérer une mesure que n'ont point voulue ou n'ont point comprise vos devanciers? Quant à nous, nous ne le croyons pas. Les hommes qui se complaisent encore dans les regrets du passé ne manqueront pas de vous dire qu'avec l'immigration la Guadeloupe fabrique déjà 80,000 barriques de sucre. Ivresse d'un faux succès! En 1847 aussi, elle fermait sa récolte avec un chiffre aussi sonore, et pourtant, à quelques jours de là, l'édifice de la richesse coloniale croulait sous le souffle du progrès. Ne craignez-vous donc pas que les nouvelles illusions de 1872 soient bientôt détruites? Ah! l'immigration, vous dit-on, l'immigration à courant continu, voilà la vraie source de richesses pour les colonies. Mais ne voyez-vous pas que le système sur lequel vos pères ont bâti votre avenir n'a rien de solide, rien de durable? Ne sentez-vous pas même déjà comme des secousses qui ébranlent leur œuvre? N'entendez-vous pas, d'une part, le canon qui gronde dans ce beau pays de l'Inde, sacrifié aux marchands de Londres et de Liverpool, et d'où l'on tire les bras pour la culture de vos champs; ne lisez-vous pas, d'autre part, les menaces que fait proférer à nos rivaux la dénonciation du traité de commerce de 1860? Eh bien! prenez garde alors, nous le répétons, que les nouvelles illusions de 1872 ne soient bientôt détruites. Écoutez les conseils d'un homme qui, aimant ardemment son pays, désirant pour lui le repos et la prospérité, vous propose un moyen d'atteindre ce but sans sacrifier vos intérêts. Un seul sacrifice est à faire, — celui de cette vieille vanité créole qui, plus d'une fois, a failli compromettre et vos pères et nos colonies,

CHAPITRE II.

En 1848, avant l'émancipation, selon le rapport du Gouverneur de la Guadeloupe, vingt mille travailleurs étaient employés à la culture de la canne. Comme de nos jours la population de l'île est sensiblement la même qu'à cette époque, on peut estimer au même chiffre le nombre de ceux qui, aujourd'hui encore, s'occuperaient de cette culture, si on leur avait fait quelques concessions quand ils sont devenus travailleurs libres, si on leur avait accordé quelques avantages leur garantissant un modeste avenir.

Vingt mille travailleurs libres, tous enfants du pays, dévoués à sa prospérité, dévoués au maintien de l'ordre, quelle belle armée pour l'industrie, et avec quels avantages elle aurait remplacé les quinze mille Indiens chétifs que l'on traîne péniblement au travail !

Mais pourra-t-on, en supposant qu'une organisation nouvelle soit donnée au travail colonial, ramener aux champs ce nombre considérable d'hommes que la vanité et l'entêtement, d'une part, l'ignorance et l'empressement irréfléchi de jouir d'une liberté récente, de l'autre, ont éloignés de nos ateliers? Pourra-t-on, à ces hommes, dont la plupart ont conservé les tristes souvenirs de l'esclavage, et qui voient le régime disciplinaire auquel sont soumis les Indiens, faire comprendre que l'indépendance, l'aisance, la famille les attendent dans ces champs qu'ils ont désertés? Sera-t-il facile de leur faire admettre la bonne foi d'anciens patrons, dont quelques-uns avaient rompu jadis de solennels engagements, et que souvent les travailleurs indiens assignent devant les tribunaux pour cause de salaires impayés?

Vraiment, notre optimisme ne va pas si loin, et, à regret, nous sommes forcés d'admettre qu'on ne trouverait peut-être pas aujourd'hui un chiffre de travailleurs égal au nombre d'Indiens employés dans la colonie.

Beaucoup d'entre eux, en effet, sont déjà établis sur de petites propriétés péniblement acquises, et tous (car la routine est fille de l'ignorance) ne voudront pas abandonner la culture vivrière pour la plantation de la canne. D'autres sont attirés comme ouvriers dans nos grands centres d'industrie qui n'existaient pas autrefois, dans nos villes où de nouvelles constructions sont nécessitées par un désastre qu'il faut élever au rang d'une calamité publique. Quelques-uns, enfin, habitués à une vie paresseuse, quoique misérables, endormis depuis vingt-cinq ans dans l'inaction, sans avoir connu les nobles instincts de l'homme libre, ne retrouveront jamais assez d'énergie pour se dépouiller de longues et vicieuses habitudes.

Nous ne serons donc pas, grâce aux demi-mesures employées en 1848, à même de tirer de la Guadeloupe plus de douze mille travailleurs créoles pour l'agriculture, si un nouveau système de travail, vraiment protecteur de tous les intérêts, venait à être mis en vigueur dans les colonies. Des entreprises déjà commencées arrêteront quelques-uns, des espérances déçues écarteront d'autres. Mais, enfin, ces 12,000 travailleurs possibles valent mieux que les quinze mille Indiens actuels ; ils peuvent toujours former un magnifique noyau de rudes pionniers dans l'œuvre que nous voudrions voir commencée : la régénération du pays par le travail libre de ses seuls enfants.

Que l'on ne croie pas qu'il nous coûte, à nous qui naguère demandions la suppression de l'immigration, d'avouer l'insuffisance des moyens dont nous disposons dans la colonie pour la mise en pratique du système de travail par les seuls bras du pays. Tout attentif à la recherche d'une assise solide pour l'édifice colonial, nous laissons de côté toute vanité, comme nous éloignons de notre cœur tout esprit de parti.

C'est donc sans le sacrifice d'un amour-propre qui n'existe point que nous avouons la nécessité où est placée la colonie de faire encore un appel, *mais pour quelque temps seulement*, à des travailleurs du dehors. Ce n'est pas un essai d'organisation du travail que nous voulons tenter : le temps des théories abstraites, des tentatives de replâtrage est passé. Depuis vingt ans, vous essayez un système qui ne vous réussit pas, qui vous occasionne d'énormes dépenses et vous livre à un avenir douteux, peut-être terrible ; nous voulons, nous, une organisation qui a déjà réussi ailleurs, dans la vieille Europe, lorsque l'homme a été émancipé en même temps que la terre ; nous voulons former chez nous des travailleurs, tout aussi intéressés que les propriétaires d'aujourd'hui à contribuer à la richesse, à la tranquillité du pays, à la prospérité publique.

Ce but, si noble et si désirable, ne peut être atteint qu'en constituant au travailleur une propriété, en lui donnant les moyens de grouper une famille sur cette propriété.

Un courant d'immigrants est donc encore nécessaire chez nous ; mais quels travailleurs devons-nous recruter pour nos ateliers ; dans quelle limite, sous quelles conditions provoquer ce courant de bras auxiliaires ?

La solution de ces questions est d'un intérêt vital pour les colonies. L'importance qui s'y rattache justifie les considérations dans lesquelles nous allons entrer avant de résoudre le double problème que nous venons de poser.

A quoi tendent les colonies ? A vivre heureuses et prospères, en contribuant à l'éclat de la mère-patrie, avec laquelle elles sont unies par des liens nombreux : l'intérêt, l'affection, le sang, le drapeau. Mais y a-t-il une existence heureuse, est-il une prospérité là où la société est menacée de bouleversements ? — Les monarchistes seuls de la Chambre oseraient répondre affirmativement, — et la France sait si les députés des colonies siégent sur les bancs de la droite. Comment donc éviter des tiraillements et des bouleversements qui ne peuvent que nuire au progrès, à la marche régulière de nos institutions ? Pour nous, le seul moyen d'atteindre ce but est d'accorder une égale protection à tous les intérêts, une juste récompense au travail.

Y a-t-il, nous le demandons, l'ombre de ces deux

éléments : justice à tous, protection au travail, dans le système d'immigration employé aux colonies?

Non; pour que la balance soit égale, il faut que le travailleur ait le droit de vivre le reste de ses jours au sein de cette civilisation que son travail aura contribué à assurer au pays. Il faut qu'il ait le droit, après de longues années de fatigues au profit d'un autre, de se reposer à son tour sans être obligé de tendre la main à celui qu'il a enrichi, — et ce n'est pas un système d'immigration qui renvoie, à l'expiration de l'engagement, le travailleur dans son pays, ni la rétribution insuffisante du travail libre de nos jours, qui peuvent donner à l'homme des champs cette juste satisfaction à laquelle il a droit.

Il faut, et dans l'intérêt de l'agriculture et dans celui de la morale, intéresser, récompenser l'immigrant plus qu'on ne l'a fait jusqu'ici. Il faut l'intéresser par une juste protection et le récompenser par la propriété.

Justice et propriété, voilà les vraies assises d'une constitution à l'abri des convulsions politiques, voilà les seuls stimulants du travail, car l'immigrant saura qu'en contribuant à notre fortune, il travaille aussi à se mettre plus tard à l'abri de la misère et de la honte.

Cette théorie, la seule vraie, du repos public aux colonies par la justice envers le travailleur et la propriété, comme récompense des années de santé et de vie qu'il a usées au profit des planteurs, ne peut rencontrer d'adversaire sérieux.

Un de nos colons, représentant de l'aristocratie terrienne, homme éclairé et honnête, mais dont la foi républicaine n'était pas assez vive pour que la colonie en fît son mandataire, disait naguère qu'il fallait qu'un jour chaque travailleur créole ait sa case et son champ.

Le rapporteur de la commission de l'immigration au Conseil général de la Guadeloupe disait, ces jours derniers, qu'il espérait qu'un jour tout travailleur pourrait « devenir fermier et tout fermier propriétaire. »

L'accord est donc unanime sur ce point : il faut que l'homme qui a usé sa santé au profit d'un propriétaire arrive un jour à posséder « sa case et son champ. » Cet intérêt est, dans la sagesse providentielle, un des plus forts attraits du travail.

CHAPITRE III.

Mais où irons-nous chercher cette race de travailleurs qu'il faut, en récompense de longues années de labeur, installer petits propriétaires chez nous?

Jusqu'ici, nous avons recruté à deux sources principales les bras pour notre agriculture : dans l'Inde et en Afrique. Nous ne parlons pas de l'immigration des habitants de Madère ni des Annamites. Ces travailleurs n'ont pris pied sur notre sol que pour constater leur impuissance dans l'œuvre de régénération de notre industrie.

Quant aux douze cents travailleurs venus d'Europe à la Guadeloupe et à la Martinique, de 1849 à 1852, l'épreuve ne fut pas assez heureuse pour la recommencer de sitôt; et nous disons cela sans toutefois partager l'opinion de ceux qui croient que la race blanche est incapable de supporter les fatigues du travail des champs sous les Tropiques, opinion mise en avant à l'époque surtout où les colonies, en 1852, furent saisies d'un nouveau projet pour l'introduction aux Antilles de plusieurs milliers de cultivateurs recrutés en Alsace et dans les Pyrénées, et qui fut cause du rejet de la proposition par les Conseils privés de la Guadeloupe et de la Martinique.

Ainsi donc, émigration indienne, émigration africaine, voilà les deux sources principales où les colonies ont puisé leurs travailleurs.

Avant l'essai que nous fîmes dans l'Inde, les colonies anglaises avaient eu déjà recours à l'émigration asiatique : l'île Maurice est la première, lorsque vint la grande réforme de 1833, qui appela les coolies indiens dans ses ateliers. Ce fut au mois d'août 1834. Les colonies d'Amérique n'adoptèrent cette mesure que plus tard, seulement dans le courant de l'année 1845.

Le but de notre travail ne nous entraîne pas à faire l'histoire de l'émigration indienne aux colonies anglaises ; pourtant il est dans l'intérêt de l'étude à laquelle nous nous livrons de faire remarquer que cette émigration a subi trois phases bien distinctes. Dans une première période, terminée en 1839, l'industrie en faisait seule les frais. C'est ainsi qu'elle supporta les charges de l'introduction à Maurice de 25,468 Indiens, dont 24,566 travailleurs du sexe masculin, et dépensa pour cette opération 6.250.000 francs. (Rapport de la Commission de l'émigration et des terres coloniales.)

Plus tard, en 1842, ce courant de travailleurs asiatiques fut placé sous la surveillance d'agents du Gouvernement.

Et enfin, dans le cours de l'année de 1844, le soin de réunir et de transporter les émigrants fut exclusivement confié à ces mêmes agents.

Ce court aperçu nous fournit des renseignements qu'il n'est pas inutile de consigner ici. Nous les opposons à ceux qui demandent que l'Etat supporte seul les frais d'introduction des immigrants dans les colonies.

1° Le recrutement peut être fait par la seule initiative de l'industrie privée. Celle-ci trouve des bénéfices suffisants pour compenser les dépenses de l'opération. Point n'est besoin de faire peser sur la colonie des charges dont la compensation n'est que pour quelques-uns.

« Si les capitalistes, disait lord Normanby, veulent étendre » leurs opérations de culture et de fabrication, il semble » raisonnable de leur faire supporter les dépenses qui en » résultent sans détourner, dans ce but, de leurs destinations » plus légitimes, les fonds auxquels contribue tout membre » de la Société. »

2° L'Etat ne doit se réserver qu'un rôle, celui de protecteur, veillant à l'honnêteté des contrats.

L'Angleterre a parfois garanti l'emprunt de ses colonies pour subvenir aux frais d'introduction de travailleurs étrangers ; mais elle n'a jamais élevé à l'état de principe cette protection accordée à une opération financière. C'est ainsi que, lors de la reprise en 1851 de l'immigration indienne à la Trinidad, la métropole, qui de 1845 à 1848 avait garanti un emprunt de 4 millions à 4 0/0 remboursable en 20 ans, ne voulut plus revenir aux errements d'autrefois. Ceux qui ont étudié la politique coloniale anglaise savent que cette caution fournie par l'Angleterre à l'emprunt de ces colonies n'a été qu'un acte purement politique. Les promoteurs de la législation commerciale de 1846 sur le tarif des sucres ne se résolurent à garantir l'emprunt colonial que pour faire taire les réclamations des colons portées à la tribune par les amis qu'ils s'étaient créés dans le parti opposé à cet acte. Il est intéressant de consulter la séance où fut adoptée cette proposition de caution. Le vote qui eut lieu à cette occasion donne une idée très-nette de l'opinion des législateurs anglais sur le degré de protection que l'Etat doit accorder aux opérations de recrutement pour ses colonies.

Ce qui eut lieu en 1847 prouve encore la tendance de l'Angleterre à ne pas admettre le principe de la protection des opérations financières telles que celles de l'immigration. A cette époque, et à la suite de la chute d'un grand nombre de maisons de commerce en rapport avec l'île Maurice, la métropole céda aux supplications de l'association mauricienne de Londres, qui, par lettre en date du 15 octobre 1847, demandait, comme mesure de précaution contre le danger de la famine, que des instructions fussent envoyées dans l'Inde pour hâter et compléter au compte de la colonie les chargements de riz nécessaires à l'alimentation de la nombreuse population de l'île. Le ministre autorisa, de même, le gouvernement colonial à faire des avances aux marchands et aux planteurs sur nantissement de chargement de sucre à destination de l'Angleterre. Mais ce n'était nullement là une reconnaissance de prétendus droits coloniaux à une subvention dans l'opération du recrutement des coolies.

Le comte Grey s'exprime clairement à cet égard dans son travail sur la politique coloniale de l'administration de lord John Russell : « Bien que l'on reconnût, dit-il, tout le danger d'une intervention de la part du gouvernement dans les opérations ordinaires du commerce, bien que l'on sût qu'il résultait ordinairement plus de mal que de bien d'une telle intervention, ce cas, néanmoins, parut assez particulier et assez urgent pour qu'on crût pouvoir s'écarter des règles habituelles. »

Ce fut par un décret en date du 13 février 1852 que les colonies françaises furent autorisées à recourir à l'émigration indienne. Cette mesure avait été préparée par des travaux, des enquêtes dont la rédaction avait été confiée à des hommes respectables, sans doute, mais dont l'impartialité fut mise en défaut dans les rapports qu'ils présentèrent. Parmi ces travaux nous citerons celui de M. Eggimann, directeur de l'intérieur *par intérim*, en 1850, et le rapport rédigé en 1853 par Messieurs Hayot, propriétaire de sucrerie, membre du Conseil privé de la Martinique; de Percin Northumb, également propriétaire de sucrerie, et J. B. Jauréguiberry, commandant l'aviso à vapeur la *Chimère*, qui tous trois avaient été chargés, par un arrêté en date du 23 mars 1853, de visiter les îles de la Barbade et de la Trinidad, et de faire une enquête sur la culture de la canne, la fabrication du sucre et le résultat de l'immigration de travailleurs étrangers dans ces colonies.

Inspirés par les mêmes sentiments de défiance envers les nouveaux libres, écrits sous l'impression d'une même idée préconçue, ces travaux conclurent à un appel continu de travailleurs indiens dans les colonies françaises. Il n'est pas difficile de montrer non seulement les erreurs de jugement, mais encore la partialité de ces deux rapports. Pour cela il suffit de rappeler la conclusion de ces Messieurs. Les délégués de la Martinique dirent, en parlant de la Barbade, qu'ils ont trouvé « un pays qui a constitué le *travail libre avec les élé-* » *ments qui étaient en lui*; qui, par une culture perfectio- » née, par la tâche organisée, *par la force des choses*, est » arrivé à produire en 1852 49,000 boucauts de sucre » de 2,000 livres, quand, après l'émancipation, il était tom- » bé à 14,000, » premier aveu de l'inutilité de l'immigration. Plus loin, à propos de la Trinidad, ils nous apprennent que cette colonie qui, après l'émancipation, ne produisait que 16,000 barriques de sucre, en produisait 35,000 en 1852

« *grâce à l'immigration.* » Mais l'on est en droit, il nous semble, de se demander quels peuvent être les avantages de cette immigration, puisque la Barbade qui, en 1840, ne produisait que 14,000 barriques, c'est-à-dire 2,000 de moins que la Trinidad, voyait sa récolte s'élever, en 1852, *par le seul travail des bras libres du pays*, à 49,000, c'est-à-dire à 14,000 barriques de sucre de plus que l'île voisine, *qui pourtant avait eu recours à l'émigration.* »

Et comme conclusion, ces Messieurs s'écrient : «Tous les doutes sont résolus, tout retard est du temps perdu ; l'avenir de la Martinique, c'est l'immigration indienne. »

Triste, bien triste a été la morale de quelques uns des premiers organisateurs du travail aux colonies par des bras étrangers. La défiance et la calomnie ont donné naissance aux projets de l'immigration étrangère ; de semblables procédés ne doivent pas trouver grâce auprès de nous. Il n'est pas dans notre intention d'infirmer le secours que l'émigration indienne a apporté aux colonies, nous répudions seulement les moyens à l'aide desquels l'on est arrivé à faire admettre au pays la nécessité de ce recrutement de travailleurs hors de son sein ; et de même que nous avons montré que si les colons avaient voulu ils n'auraient point eu besoin de cet auxiliaire étranger, nous espérons prouver, par la suite, que la prospérité des colonies n'exige plus dans l'avenir cet appel incessant d'immigrants.

Nous avons jusqu'ici dit peu de choses du travail de M. Eggimann. Pour être plus consciencieux, il n'est pas non plus exempt des reproches de partialité et d'inconséquence que le devoir nous oblige de signaler dans l'enquête des « propriétaires de sucreries » de la Martinique.

« La population agricole actuelle, écrivait ce Directeur de l'intérieur par intérim, ne peut être menacée dans son bien-être par l'immigration ; il y a assez de place et la vie matérielle est assez facile sur le sol colonial pour qu'il n'y ait rien à redouter de ce côté, » et après avoir jeté cette fiche de consolation à des compatriotes, l'auteur demande une large immigration, à courant continu, et donne le conseil de recourir à l'immigrant indien, dont la journée de travail ne revient qu'à 0.80 centimes. — *Quatre-vingts centimes!* c'est donc là, pour l'auteur du mémoire, le seul salaire auquel doive aspirer le travailleur créole ; et qu'importe à ce dernier les soucis de l'avenir? « La vie matérielle » est assez facile sur le sol colonial pour qu'il n'y ait rien à » redouter » avec cette riche perspective de seize sous par jour pour un homme qui a femme et enfants et à une époque où la réaction, levant déjà la tête, demandait la clôture des écoles gratuites que la République avait ouvertes.

Nous ne voulons point nous attaquer à un homme qui n'est plus et dont les enfants ont été de vrais amis de collége pour nous. Ce que nous disons est plutôt à l'adresse des instigateurs du travail de M. Eggimann. Si nous avions les sentiments qui ont inspiré ces tristes lignes, nous ne nous serions pas assujettis à un travail aussi long que celui qui remplit trente pages de la *Revue Coloniale* ; nous nous serions contenté de dire aux cultivateurs créoles :

« Pourquoi diable avez-vous voulu être libres? Autrefois, quand vous travailliez sous le fouet de nos commandeurs, nous vous nourrissions presque tous les jours ; aujourd'hui vous ne voulez plus labourer à notre seul profit ces mêmes terres que vous fertilisiez de vos sueurs, vous avez préféré montrer à l'Europe vos membres enchaînés et vos corps meurtris ; au lieu d'implorer notre clémence, vous avez préféré tendre les bras vers des démagogues et des utopistes comme Wilberforce, Grégoire, Arago, Schœlcher. Eh bien! subissez la peine de votre peu de bon sens. Vous avez voulu savourer la liberté, goûtez maintenant la misère. Nous allons faire venir vingt, trente mille coolies de l'Inde, leur journée de travail nous reviendra à seize sous; mais comme nous ne sommes pas bien sûrs que cette nouvelle traite nous procure autant de bras que nous voulons, nous vous offrons ces mêmes seize sous comme salaire de douze heures de travail au soleil; avec cela vous nourrirez vos familles et éléverez vos enfants dans le respect du maître et la crainte du gendarme, jusqu'au jour où l'immigration indienne nous procurera la douce satisfaction de nous passer de votre concours. »

Nous aurions écrit cela, simplement, franchement, comme nous l'aurions pensé, et nous aurions signé :

« Au nom des propriétaires,
» Le délégué de l'Association pour le refus du travail
» aux cultivateurs créoles. »

Car, ce qui est certain, ce qui est vrai, c'est que les colons ont voulu l'immigration indienne, les uns par mesure économique, pour avoir des travailleurs à bon marché (ce qui n'est pas un tort), les autres pour réprimer les prétentions de la liberté récente (ce qui est hideux).

Ce fut donc par les décrets des 13 février et 27 mars 1852 que les colonies françaises des Antilles furent ouvertes à l'émigration indienne, malgré la vive opposition que le projet des colons rencontra dans la presse de Calcutta et dans le journal *The Friend of India*, qui recevait ses inspirations du gouverneur général.

L'île de la Réunion, elle, recevait déjà depuis plusieurs années des travailleurs asiatiques ; à l'époque où le premier convoi d'Indiens arriva aux Antilles, elle avait déjà plus de 22,000 coolies engagés sur les habitations.

Le décret du 27 mars 1852 autorisait M. Blanc à transporter aux Antilles *quatre mille* Indiens dans un espace de six années, moyennant une prime de 500 francs par adulte des deux sexes, et de 300 francs par immigrant non adulte. M. Blanc introduisit à peine 2,000 travailleurs dans nos deux colonies de la Guadeloupe et de la Martinique, puis renonça à son privilége.

L'entreprise passa alors en d'autres mains. Le ministère traita avec la Compagnie générale maritime pour le transport des coolies recrutés dans l'Inde au prix de 415 fr. 55, dont 330 fr. 55 étaient payés par la Caisse d'immigration (318 fr. 05 à la Compagnie maritime et 12 fr. 50 à l'immigrant), qui se faisait rembourser la somme en quatre à cinq annuités par les engagistes. Les 85 fr. en plus, pour parfaire la prime, étaient directement versés à la Compagnie maritime par l'engagiste au moment où il prenait livraison du travailleur (1).

C'était aussi l'époque où l'émigration africaine arrivait aux colonies françaises. Mais nous devons étudier, dans un chapitre à part, cette intéressante histoire du recrutement sur le littoral de l'Afrique, au moyen du *rachat des esclaves*.

En 1861, à la suite de négociations entre l'Angleterre et la France pour la cessation de nos opérations de recrutement en Afrique, opérations qui, il faut le dire, empruntait à la traite quelques-unes de ses mesures outrageantes pour l'humanité, une plus grande facilité fut accordée aux colonies pour se procurer des travailleurs dans l'Inde. Jusque-là, le recrutement ne s'opérait que sur le territoire français, et les agents de notre gouvernement étaient attentivement surveillés par l'autorité anglaise. Mais la convention du 1er juillet 1861, intervenue entre les deux gouvernements par l'entremise de lord Cowley et de M. Thouvenel, mit fin aux embarras de la situation en autorisant les colonies à se procurer des travailleurs libres sur les territoires indiens appartenant à la Grande-Bretagne, et à les embarquer soit dans les ports britanniques, soit dans les ports français. Une convention semblable avait été signée l'année précédente, mais seulement en faveur de l'île de la Réunion.

Le recrutement qui se fait aujourd'hui encore dans l'Inde a pour base la convention de 1861, mise en exécution dès le 1er juillet 1862, et l'arrêté du Gouverneur des établissements français de l'Inde, en date du 3 juillet 1862. Les prescriptions établies par cet arrêté sont excessivement sages, et nul doute que si les agents d'émigration s'y étaient toujours conformés, l'institution n'aurait pas encouru les reproches qui lui ont été adressés bien des fois, et dont quelques-uns seront forcément consignés dans ce travail.

Du jour où commença l'exécution de la convention, c'est-à-dire le 1er juillet 1862, finissait le recrutement sur les côtes d'Afrique.

---

(1) Il est à remarquer que la Guyane française eut recours à l'immigration longtemps avant les autres colonies. Déjà, en 1820, elle avait reçu 27 Chinois et 5 Malais.

Le mode d'introduction des Indiens n'a pas été toujours le même depuis ; tantôt la colonie a passé des contrats avec des Compagnies, par exemple celui qui fut signé le 30 juillet 1862, entre l'administration de la Guadeloupe et la Compagnie Générale Transatlantique, le 20 avril 1864, entre la Martinique et la même Société ; tantôt nous avons traité avec des armateurs pour l'introduction d'un seul convoi ou le rapatriement d'un nombre déterminé de travailleurs au terme de leurs engagements.

Voilà les phases diverses par lesquelles a passé l'immigration indienne.

Nous devons maintenant nous demander quel a été le résultat de ce transport à grands frais d'individus venant de 4,000 lieues pour aider à la culture de nos plantations.

Disons-le en deux mots, avant d'étudier les causes de cet insuccès, le résultat est déplorable : nous avons dépensé peut-être plus de 15 millions pour cette entreprise aux Antilles, et nos colonies ont à peine 30,000 Indiens, dont un tiers réclame son droit au rapatriement.

CHAPITRE IV.

L'émigration indienne a un premier tort : celui d'introduire un élément nouveau sur notre sol, une race nouvelle d'où peuvent naître un jour des intérêts opposés de castes. — Pour Dieu, finissons avec de si mesquines discordes.

L'Indien ne s'expatrie que pour un temps limité. Dès que son engagement est expiré, il réclame son rapatriement, ne se souciant nullement de passer un nouveau contrat qui l'assujettisse à un travail pour lequel il ne se sent nul attrait, où il n'a souvent récolté que privations, amendes, prison, infirmités, et d'où il se retire quelquefois les mains vides. S'il consent, à l'expiration de son engagement, à demeurer encore deux, trois ans dans le pays, ce n'est que dans l'intention de se livrer à la spéculation commerciale.

Et puis sait-on quels sont ces hommes que les mestrys répandus dans la campagne parviennent à recruter là-bas pour la culture de nos plantations? Il n'est pas nécessaire d'avoir comme nous fait deux voyages dans l'Inde en qualité de Commissaire du gouvernement à l'émigration pour connaître la manière dont on réussit, si péniblement quelquefois, à recruter 400 individus, chiffre moyen des convois d'introduction aux Antilles. Nos propriétaires sont à même d'être aussi bien renseignés que nous, car ils reçoivent chaque jour les plaintes de leurs travailleurs. Eh bien ! nous le demandons, des hommes recrutés de la façon qu'on sait, c'est-à-dire sans distinction de profession, des individus embarqués pour nos colonies sans s'être jamais essayés au travail de la terre, des gens qui n'ont signé un engagement dont les termes ambigus leur échappent que contraints par la faim qui n'attend pas, que fascinés par quelques roupies que le mestry fait luire à leurs yeux, peuvent-ils faire de bons travailleurs, surtout quand l'on ne prend même plus soin, à leur arrivée, de ne pas trop tôt détruire l'illusion dont on les avait bercés au départ?

Dans les deux voyages que nous fîmes dans l'Inde pour y accompagner un convoi de coolies rapatriés, sur une quarantaine d'individus que l'Administration renvoyait par mesure disciplinaire, il y avait deux instituteurs qui croyaient venir dans le pays, l'un pour instruire les enfants indiens nés dans la colonie, l'autre pour régir une propriété. Il y avait des gens de différentes professions : écrivains publics (l'un d'eux écrivait parfaitement l'anglais, parlait le français et l'espagnol), des peintres, des horlogers, des orfèvres, des charpentiers, des ferblantiers, etc. ; mais de laboureurs point. Comment ne veut-on pas que de telles gens se refusent au travail des champs pour lequel ils ne se croyaient pas engagés et qu'ils n'ont jamais essayé ? De tels travailleurs sont bientôt à la charge de leurs maîtres, ils encombrent nos prisons, car après avoir opposé la résistance passive au travail qu'on leur assigne, ils finissent par commettre quelque méfait qui, à leur grande satisfaction, les appelle devant les cours d'assises. Il est de notoriété publique que beaucoup d'Indiens des premiers convois se faisaient condamner à la déportation dans les pénitenciers de Cayenne, dans le seul but ou de fuir le travail de la terre dont ils ne voulaient point ou de quitter un maître dont les procédés trop durs rappelaient le régime du bon plaisir sous l'esclavage, en dépit du Code noir. Cette façon de se débarrasser de l'atelier était devenue tellement à la mode qu'on dut changer la destination du condamné, et former dans la colonie même un pénitencier où la vue des internés employés à des travaux d'utilité publique servît à arrêter cette mode qui semblait être prise de préférer Cayenne au travail de la terre.

Les aveux publics de ces criminels d'un nouveau genre, en présence d'un nombreux auditoire, devant les magistrats appelés à les juger, n'ont malheureusement pas été connus en France. — L'Empire, à l'instigation des planteurs, nous avait bâillonnés, la représentation coloniale avait été supprimée afin que les cris des opprimés ne parvinssent pas au monde civilisé! —

Triste, triste donc est tout à la fois la situation de l'immigrant qui se voit trompé dans son attente et de la colonie dont la culture, par une erreur économique, est livrée à de tels travailleurs.

L'on peut admettre que, dans un convoi de rapatriement, la moitié des Indiens s'en retourne sans argent. Nous voulons bien ne rejeter que sur ceux-là seuls ce triste résultat de 5, 8, 9 années de travail. Mais il est de notre devoir d'appeler l'attention sur le mauvais effet produit dans l'Inde au débarquement de ces malheureux. Les usages dans le pays d'un costume aussi primitif que possible sauvent pour un jour la réputation de la colonie d'où provient le convoi, car au milieu d'individus n'ayant pour tout vêtement qu'un étroit *langouti*, la nudité des nouveaux débarqués passe inaperçue; mais ce qui ne se peut cacher, c'est le grand nombre de malheureux ayant recours le lendemain à la charité publique (1).

Mais, nous dira-t-on, beaucoup d'Indiens partent avec un avoir qui est une fortune pour des gens habitués à vivre de si peu. Oui, beaucoup de convois de rapatriement emportent des sommes très-rondes de la colonie. Les traites dont nous étions porteurs dans nos deux voyages approchaient de la somme de 400,000 francs. Mais de cela même nous tirons deux arguments contraires à l'immigration. Le premier fait suite à cette considération d'ordre moral que nous venons de présenter sur le renvoi de la colonie de vieux travailleurs n'ayant aucun moyen d'existence; le second est d'ordre purement économique.

Ne sait-on pas, d'abord, que les Indiens qui quittent la colonie avec 1,000, 5,000, 10,000 francs ne les ont nullement gagnés au travail de la terre! Eh bien! ces favorisés du sort ne cessent de répéter à leurs compatriotes, dans l'Inde, que ce n'est nullement au service d'un planteur, nullement en s'usant à la culture de la canne qu'ils ont ramassé tant d'ar-

(1) Nous avons été heureux de constater dans notre dernier voyage, que nous n'avions pas jeté sur la terre de Pondichéry un aussi grand nombre de malheureux qu'à notre première mission en 1868. Nous nous empressons de même de dire que les opérations de rapatriement sont de nos jours l'objet d'une plus grande sollicitude de la part de l'Administration.

gent, mais bien dans le commerce auquel, après leur libération, ils se livrent, on sait avec quelle ardeur. De sorte que ceux des Indiens que la misère pousse encore à s'expatrier n'ont qu'un but : abandonner au plus tôt la culture de la terre pour *tenir boutique*.

Oh ! la belle race de travailleurs que nous avons là ! Et comme on sent, quand on connaît, comme nous, le caractère de l'Indien, le peu de solidité du système de travail employé aujourd'hui aux colonies françaises. Un pareil jugement peut être porté quand, comme cela nous est arrivé, l'on a vécu huit mois sur mer avec ces gens qui, s'en retournant dans leur pays, n'épargnaient aucun sarcasme à notre constitution coloniale, déversaient toute leur bile sur leurs anciens maîtres ; quand, comme nous, l'on connait le résultat de l'immigration, qu'on l'a suivie et au point de départ et au point d'arrivée.

Le second argument que l'économie politique nous permet d'opposer à l'immigration indienne est cette soustraction de la colonie de grosses sommes d'argent qui ne quitteraient pas le pays si nous avions des travailleurs destinés à prendre racine sur notre sol.

Non, si nous voulons clore l'ère de l'immigration, ce n'est pas dans l'Inde qu'il faut recruter nos travailleurs. Il nous en faudra sans cesse ; et non seulement ces incessantes demandes de convois absorbent les ressources de la colonie, mais ne peut-il pas arriver telle circonstance qui, arrêtant brusquement l'immigration indienne, jette le désarroi dans notre industrie et trouble la prospérité du pays. Ces deux derniers points ne peuvent manquer d'attirer l'attention des hommes sérieux, des hommes dévoués au bonheur public aussi bien que celle des propriétaires intéressés.

Les sommes dépensées jusqu'ici pour l'introduction des coolies de l'Inde à la Guadeloupe et à la Martinique sont énormes. Les chiffres que nous avons recueillis nous permettent d'estimer à 25 millions l'argent dépensé dans ce but—et nous n'avons que 15,000 travailleurs indiens à la Guadeloupe (1).

(1) Sur ces 15,000 travailleurs, plus de 6,000 ont droit à leur rapatriement, et la somme nécessaire à cette fin n'atteindrait pas moins de 2 millions et demi de francs si cette clause des règlements était exécutée.

A qui ont profité tous ces millions que le pays et la France ont dépensés dans cette entreprise anti-économique? Quelque chose, mais bien peu, revient aux propriétaires colons : avouons-le, ils n'ont pas retiré de l'immigration les profits qu'ils en espéraient ; quelques centaines de mille francs se sont partagés, comme part de bénéfice, entre les commerçants français de Pondichéry et les divers armateurs français qui ont contribué à notre stupide système de travail. Le reste de cette somme considérable a été touché par la marine marchande anglaise, qui depuis quelque temps a, pour ainsi dire, le privilége de ces importations de travailleurs........ Et pourtant l'on discutait ces jours derniers à l'Assemblée nationale le projet d'une loi protectrice pour notre marine de commerce. Ainsi donc, soustraction de notre argent au profit des armateurs de Londres et de Liverpool, voilà le bilan de l'immigration indienne aux Antilles françaises.

Et puis, créoles, vous qui avez l'amour-propre national si chatouilleux, ne vous rappelez-vous pas l'agitation des esprits, la crainte si légitime qui s'emparait de vous lorsque, à une époque non éloignée, des bruits fâcheux d'une rupture possible entre la France et l'Angleterre couraient le monde politique et financier de 1840. Qu'un conflit nouveau, et se dénouant par les armes, surgisse entre les deux nations, quelle crise menace notre industrie coloniale, quelle calamité attend le pays où vous avez enfermé quinze mille...... mais plus...... trente mille sujets anglais, puisque vous en voulez doubler le nombre?

En 1840, et à des époques antérieures, le plan des colonies anglaises voisines, et de Saint-Christophe en particulier, qui avait à venger le débarquement des créoles de la Guadeloupe sur ses côtes, en 1706, était bien simple : L'Angleterre, depuis 1834, avait aboli l'esclavage dans ses colonies, vous, vous refusiez de faire disparaître chez vous cette abominable institution ; vos voisins devaient tenter la corruption parmi vos esclaves, faire une descente dans vôtre île et proclamer l'affranchissement. Nous aimons à croire pour l'honneur de la population noire de l'époque qu'elle eût fermé l'oreille à la perfidie anglaise, et que, comme ses ancêtres de 1794, sous l'énergique impulsion de Victor Hugues et de Delgrès, elle eût combattu et répandu son sang pour tenir glorieux le drapeau de la France.

Combien nos craintes seraient plus sérieuses aujourd'hui! combien serait plus imminent le danger qui nous menacerait!

Réfléchissez!.........

Soit, nous voulons bien avec vous que les intérêts de l'Angleterre soient trop liés à ceux de la France pour que, de bien longtemps, ces deux nations en viennent aux chassepots et aux mitrailleuses. Mais sur le terrain économique, vous savez que l'Anglelèrre n'a j'amais pitié d'une rivale, et le jour où il ne sera plus de son intérêt de vous envoyer ses sujets asiatiques, que deviendront vos cultures! Croyez-nous, car nous revenons de l'Inde, le temps n'est peut-être pas éloigné où un seul sujet anglais ne s'embarquera plus pour augmenter votre armée de travailleurs. Le gouvernement anglais montre souvent bien des taquineries dans l'inspection qu'il s'est réservée de nos opérations de recrutement. Tout dernièrement encore, le gouverneur général fut à la veille d'arrêter l'expédition d'un convoi par le seul fait d'un véto que, pour des causes que nous ne rapporterons pas, il voulut apposer à l'embarquement des sujets anglais. Et puis ne se rappelle-t-on plus toutes les vexations (amendes et emprisonnement) auxquelles, au début de l'émigration indienne en 1852, les agents français furent soumis par les collecteurs anglais lorsque ceux-ci les surprenaient sur leur territoire. « Même au plus fort de la guerre de Crimée, disait un écrivain de la *Revue Contemporaine*, alors que les armées et les flottes de la Grande-Bretagne et de la France se prêtaient un concours si cordial et si sympathique, les agents anglais dans l'Inde ne se départissaient pas un seul instant de leur opposition à nos opérations de recrutement. »

Et nunc erudimini.

CHAPITRE V.

Après avoir détruit, il faut édifier.

Nous ne voulons pas de l'immigration indienne parce que, laissant la porte ouverte aux aventures et à l'incertitude, continuant un replâtrage façonné à grands frais, elle n'assure pas au pays la tranquillité et la prospérité que, plus que tout autre, nous sommes jaloux de lui voir.

Reste donc l'immigration africaine, celle qui, à juste titre, est enviée par tous les colons et que, pour notre part, nous proclamons être la seule pouvant assurer le succès de notre culture.

Mais nous voulons une immigration honnête, avec des statuts spécifiant à l'avance les motifs, le but de cette association du capital et du travail, de la terre et des bras. Nous voulons que le propriétaire qui appelle un Africain sur ses plantations soit averti qu'un coin de cette terre que le nouveau débarqué va fertiliser de sa sueur doit un jour rester la récompense de ses laborieux efforts ; nous voulons que le gouvernement qui aura donné sa sanction à ce pacte ne protége point les tentatives audacieuses de rupture, et n'encourage point les espérances honteuses de quelques hommes qui, réfractaires aux leçons du passé, ont tout oublié et n'ont rien appris ; nous voulons, en un mot, la justice pour l'immigrant et la propriété comme récompense de son travail.

Or voici le moyen que nous croyons le mieux approprié à ce but, le seul pratique après tous les essais infructueux, nous ajouterons le seul honnête dans un pays libre.

Sous l'esclavage, le chiffre des ateliers à la Guadeloupe n'a jamais dépassé 25,000 travailleurs ; — dans les premiers mois de l'année 1848 il n'était que de 20,971 (1). Pour atteindre ce

---

(1) 20,971 travailleurs donnant annuellement 425,800 journées de travail et cultivant 16,162 hectares de terres.

chiffre, que nous manque-t-il? Dix à douze mille travailleurs nouveaux qui, réunis aux 12,000 bras déjà disponibles dans le pays, formeraient une belle armée pour le travail, plus belle que toutes celles du passé, car elle puiserait sa force, son énergie dans sa liberté même et dans l'espoir d'un avenir rendu meilleur par une juste rétribution des fatigues et des labeurs.

Ce serait donc, pour nos deux grandes colonies des Antilles, un appel de 25,000 travailleurs africains. Sans omettre l'île Bourbon, nous comprenons néanmoins que ses intérêts ne sont pas aussi liés que ceux des Antilles à l'introduction d'émigrans africains. Son voisinage de l'Inde lui permet un recrutement facile et peu onéreux. Du reste, après la consolidation des ateliers à la Martinique et à la Guadeloupe, l'on pourrait facilement appliquer à cette colonie la nouvelle émigration en opérant sur toute la côte de Mozambique.

Quant à nos colonies des Antilles, on peut leur procurer facilement ces vingt-cinq mille travailleurs librement recrutés, selon la méthode que nous développerons plus loin, dans l'espace de cinq, six, dix ans, s'il le faut, car ce nombre d'années serait, du reste, nécessaire à ces colonies pour se débarrasser de leurs ateliers indiens ; et puis, comme il s'agit d'une organisation définitive, mieux vaudrait ne point brusquer les événements, ne point se procurer trop tôt, et par des moyens que peut-être la morale réprouverait, ce supplément de bras dont a besoin notre culture.

Reniant les principes et les règles de l'ancien recrutement de 1857, répudiant les tristes conditions faites à l'émigration de cette époque, la nouvelle institution, représentée par des agents dévoués autant à la morale et à la justice qu'aux intérêts de nos colonies, demanderait des travailleurs libres à toute l'étendue de la côte occidentale, aussi bien qu'au littoral oriental, où n'existe pas l'esclavage. Dans chaque grand centre de recrutement serait placé un agent principal, un *résident*, relevant directement des autorités françaises de Saint-Louis. Les fonctions de résident consisteraient dans des tournées fréquentes au milieu des populations disposées à émigrer, dans le soin d'entretenir des relations amicales avec les chefs de tribus ou les indigènes de haute importance. Afin d'aplanir les difficultés qui pourraient naître de mauvais conseils donnés aux noirs qui veulent signer un engagement, il expédierait dans l'intérieur des délégués pour bien faire comprendre aux populations la nature du contrat qu'on leur propose, les avantages qu'il leur assure et les intentions honnêtes du Gouvernement.

Les conditions de l'engagement seraient celles-ci : Cinq années de travail, à une solde fixée à l'avance, les frais de nourriture, de logement et de vêtements étant à la charge de l'habitant sur les terres duquel travaillera l'Africain; comme cela se pratique pour l'immigration indienne.

Il serait peut-être utile, pour habituer le futur citoyen avec les nécessités de la vie pratique, de le laisser, pendant la dernière année de son engagement, pourvoir lui-même à sa nourriture et à ses vêtements, — le prix de la journée étant, bien entendu, augmenté; cela rendrait moins brusque la transition de la vie soumise à l'existence libre.

Après ces cinq années de présence aux ateliers, le travailleur sera libre de rompre avec son patron; dans ce cas, il n'aura droit à aucune indemnité, ou bien de réclamer une portion de terre, — portion à déterminer plus tard, — qu'il exploitera à titre de colon partiaire, ou qu'il louera à prix librement débattu. Ce colonage partiaire qui, comme le disait Percin à la Commission de 1848, sera une communauté d'intérêts entre l'immigrant et l'engagiste rendant l'argent moins nécessaire, ce colonage partiaire ou cette location durera cinq autres années, au terme desquelles le travailleur deviendra de droit possesseur du champ qu'il aura fertilisé.

C'est, comme on le voit, un projet d'organisation définitive du travail évitant ces appels incessants et à grands frais de travailleurs incapables de se fixer sur notre sol et n'ayant ni la même origine ni les mêmes intérêts que les habitants de nos colonies. C'est une organisation du travail fondée sur l'association et la possession du sol.

CHAPITRE VI.

Craignant de froisser ici l'opinion de quelques personnes intéressées au maintien du passé, nous éprouvons le besoin de rechercher si le système de travail que nous venons de proposer est tout à fait en opposition avec des désirs d'autrefois, désirs exprimés peut-être sous l'émotion d'un désastre présumé, mais traduits néanmoins par des hommes qui faisaient autorité en cette matière ; s'il est en opposition avec le passé économique du pays et contraire aux intérêts des propriétaires.

Nous devons examiner très-attentivement ces différents points.

Nous ne ferons que rappeler les plans d'organisation du travail après le premier affranchissement de 1794, dictés sous la sublime inspiration des hommes qui gouvernaient le pays pendant la période révolutionnaire. Ces systèmes d'organisation, qui avaient pour base l'association, étaient alors acceptés des anciens maîtres comme un gage durable de l'entente entre le capital et le travail, et malgré les événements agités qui suivirent la résolution hardie, généreuse et patriotique de Victor Hugues, tout le monde sut gré au successeur de cet énergique conventionnel, le général Desfourneaux, des mesures efficaces et protectrices qui, rappelant nos travailleurs dispersés, surent veiller aux intérêts des nouveaux libres comme à ceux des maîtres, tout en empêchant le désarroi de notre agriculture. Et, naguère encore, l'un des *représentants des colons* en 1848, M. Reizet, disait à la Commission instituée pour l'abolition immédiate de l'esclavage que la Guadeloupe avait retiré de cette association du maître et de l'affranchi les plus grands avantages, « et qu'en moins » de deux ans, après l'acte de 1799, un semblable système

» avait rétabli le travail dans les colonies, et que des colons
» éclairés avaient regretté amèrement que le premier Consul
» eût interrompu cette période de progrès en rétablissant
» l'esclavage, sous l'influence d'une femme créole. » (Voir procès-verbaux de cette commission, séance du 8 mars 1848.)

Plus tard, — car, hélas! le souffle de la liberté s'éteignit bien longtemps pour nos pauvres populations esclaves! Nous fûmes victimes là-bas, plus encore que ne l'a été la métropole, de l'audace et de la tyrannie de ce soldat couronné dont l'œuvre d'extinction de nos libertés nationales vient d'être si tristement continuée par son neveu, ce César éhonté qui enjamba la France un pied dans le sang et l'autre dans la boue. — Plus tard on laissa dans l'oubli les généreuses tentatives du général Desfourneaux.

Sous le gouvernement des lys fanés, qui nous revenaient avec les bagages de l'armée de Wellington et de Blücher, il n'y eut pas non plus, dans l'étroite compassion de cette monarchie pour les malheurs de la patrie, place pour les souffrances imméritées de la population esclave. Il faut revenir aux dernières années du Gouvernement de Juillet pour retrouver quelques projets nouveaux sur le travail libre aux colonies.

Avant le renversement par le peuple du trône vermoulu de la branche cadette, quelques essais d'organisation avaient été présentés dans un sens libéral; mais rares étaient ceux qui empruntaient quelque chose du sublime radicalisme de l'homme qui, depuis dix-huit ans, combattait le monstre de l'esclavage, de ce grand citoyen qui, selon les expressions heureuses de M. Duchassaing, eut le rare bonheur d'inaugurer étant au pouvoir un système qu'il avait défendu toute sa vie (1).

Pourtant, parmi tous ces projets, on aperçoit déjà une sorte de consentement pour l'exploitation des colonies par le travail libre. Nous citerons entre autres le rapport de M. Boutan, chargé, avant l'émancipation, d'une mission dans les Colonies. Ce rapport concluait à l'association des travailleurs et du maître, et, malgré un avis défavorable du gouverneur de la Guadeloupe, avait grande chance d'être adopté. Ce conscien-

(1) L'acte d'abolition de l'Esclavage a été signé, en effet, par notre illustre Schœlcher, alors sous-secrétaire d'Etat au département de la marine.

cieux travail de M. Boutan faisait contraste avec le système si peu libéral d'association présenté par le Conseil colonial de la Guadeloupe en 1847, et dans lequel, en réalité, le régime de la glèbe était substitué à l'ancien ordre de choses par les mêmes hommes qui, quelques années auparavant, agitaient le pays, excitaient l'opinion contre la loi du 18 juillet 1845.

Et quelques mois après, car à cette époque les événements se précipitaient, les idées marchaient vite, la liberté était dans l'air : l'on sentait qu'il ne fallait pas lui résister, car, ainsi que le disait Perrinon, comme la vapeur elle brisait tout ce qui la comprimait, quelques mois après, quand le décret du 4 mars, précurseur de celui du 27 avril, vint sanctionner les légitimes espérances des amis de l'humanité, de nouveaux projets d'association prirent naissance.

Or, à ces différents systèmes d'association, tous les représentants des intérêts des colons donnèrent leur adhésion ; quelques-uns même y virent le seul moyen de sauver le pays — témoin M. Reizet, cet homme qui eût été si utile à notre colonie, s'il n'avait émoussé sur les terres où l'esclavage était exploité les sentiments d'humanité, la grandeur d'âme qu'on lui a connus, mais que parfois, en présence des colons, il avait honte de laisser paraître : « Oui, disait-il, en parlant de » la nécessité de vaincre la résistance des propriétaires à l'as- » sociation, la question d'humanité domine ici, et la liberté » individuelle doit s'y soumettre. »

M. de Jabrun, craignant que quelques propriétaires parmi ceux qui pourraient se procurer facilement des bras n'opposassent de la résistance à l'association, disait qu'il fallait ne pas tenir compte de cette résistance. Et ailleurs, dans une lettre, en date du 10 mars 1848, adressée à Schœlcher, il disait : « Le souvenir de l'application heureuse de ce système » (l'association) à la Guadeloupe dispose ses habitants à » l'adopter... Si la commission trouve trop peu libérales les » dispositions proposées par le Conseil colonial, elle en trou- » vera l'explication dans les difficultés de l'époque où elles » ont été adoptées ; qu'en maintenant le principe, elle y ap- » porte les modifications que demande la nouvelle situation. »

Quant aux représentants des colons de la Réunion, lorsque Schœlcher, à la séance de la même Commission, du 9 mars, leur posa cette question : « Croyez-vous que la loi puisse contraindre les anciens maîtres à s'associer à leurs anciens esclaves et réciproquement? » M. Sully-Brunet répondit qu'il le croyait, et que si le droit commun est pour tous, la liberté peut avoir ses contraintes.

M. Dejean-Labâtie, prenant le ton d'un pontife de la servitude éternelle, répondit, tout en établissant une différence entre la possibilité *absolue* de l'association et la possibilité *de convenance*, qu'il était nécessaire de reconnaître le besoin de l'association.

Possibilité de convenance!!! Grand Dieu! Vraiment il fallait que la vanité créole fût poussée bien loin pour tenir un si sot langage à des hommes qui avaient aidé à renverser un trône.

L'opinion des représentants de la Martinique n'était pas la même : l'un, M. Pécoul, acceptait « l'intrusion de l'affranchi dans les comptes de gestion de la propriété comme un pis aller », tandis que M. Foidefond des Farges ne reconnaissait de salut possible pour les colonies que dans l'obligation de contraindre l'ancien maître à admettre l'affranchi au privilège de l'exploitation en commun.

Qu'on lise encore cet article, qui nous a toujours frappé, publié dans le *National*, par M. de Montcalm, propriétaire à la Guadeloupe et à la Martinique, et dans lequel l'auteur, répudiant les demi-mesures du Conseil colonial de la Guadeloupe, tient ce noble langage : « Il faut qu'il (le travailleur) » puisse choisir entre la libre concurrence et l'association. Il » faut qu'il soit libre de travailler pour son propre compte, » d'élever un établissement rival de celui de son maître, ou » de s'y associer, s'il le croit dans son intérêt. Nul ne peut, » sans léser sa liberté, lui imposer l'un de ces deux régimes. » Pas plus que nous, peut-être, il ne repoussera le principe » de l'association, mais il l'appliquera avec le bon sens que » donne l'intérêt personnel. Laissez-le faire : il saura bien, » dans son instinct, trouver et choisir ce qui est le plus avan» tageux. Il travaillera isolément ou s'associera à l'homme

» qui lui inspirera le plus de confiance, et ce ne sera peut-» être pas toujours ses anciens maîtres. »

On le voit donc, à cette époque où la liberté avait introduit un nouveau terme dans le problème de notre industrie coloniale, à cette époque où il fallait organiser, organiser à la fois vite et solidement, en vue d'un avenir durable, à l'heure où il fallait rompre avec les habitudes d'un passé qu'une journée de révolution venait de briser à tout jamais, tous les délégués des colons acceptaient l'association réelle de la terre et des bras, du maître et de l'affranchi. Et quand ont-ils répudié ce principe si sage, si salutaire? Quand ils ont aperçu la possibilité d'obtenir un courant de travailleurs étrangers. Alors ils ont réédité cette phrase déjà citée d'un de leurs écrivains : « Il ne s'agit plus de trouver des habitants, des pro-» priétaires futurs, il s'agit de trouver de véritables travail-» leurs. »

Il est vrai qu'on eut le tort de ne pas introduire dans la loi du travail après l'émancipation, l'obligation de l'association, de l'association forcée s'il le fallait, et de la possession en dernier lieu par le travailleur des champs qu'il cultivait.

Une déesse jalouse, jetant la fameuse pomme de la fable, disait : « à la plus belle » et elle devint pomme de discorde ; si nos législateurs avaient dit, après le 27 avril, en montrant les terres restées incultes : *au plus digne*, quelle noble émulation n'auraient-ils pas suscitée parmi les nouveaux libres! En 1872, vingt-quatre ans après l'émancipation, nous n'aurions pas eu besoin de faire appel à des bras étrangers pour notre industrie sucrière. Eh bien! ce qu'ils ont omis de faire, c'est ce que nous voulons ; le but qu'ils ont oublié est celui que nous voulons atteindre.

Ainsi donc notre but est clairement défini : réorganisation des Colonies par le travail libre et par le développement de la petite propriété!

CHAPITRE VII.

Il ne nous semble pas opportun de combattre, après tant d'autres, les idées économiques d'Arthur Young, dites théories anglaises ou système de la grande propriété. Les principes démocratiques ont fait trop de progrès dans le monde pour que nos économistes, colons eux-mêmes, ne répudient pas les arguments de l'écrivain anglais, pour que toute tentative faite chez nous à l'instar de celles qui ont eu lieu en France en 1820, par M. de Lévis et par le ministère de 1826, ne trouve aussitôt une complète désapprobation.

Nous aimons mieux croire, comme quelques-uns nous le laissent entendre, que le seul motif des colons à ne point céder quelques portions de leurs habitations tient à quelque chose de plus sérieux, comme, par exemple, la crainte de voir dépérir la plantation de la canne sur les petites propriétés.

Mais cette crainte une fois dissipée, comment ne pas admettre que le développement de la petite propriété contribuera à l'augmentation de nos productions. Ce qui a eu lieu ailleurs arrivera sûrement aux colonies. Or, n'est-il pas aisé de voir que les petits propriétaires n'abandonneront jamais la culture de la canne quand ils pourront défricher de bonnes terres. L'intérêt ne sera-t-il donc pas leur mobile, tout aussi bien que celui des grands propriétaires? Ils savent tous que la canne est le plus riche produit du pays, et si tous, jusqu'ici, n'en ont pas entrepris la culture, c'est que les terres dont ils ont fait à grand frais l'acquisition sont en général réfractaires à cette production et plus propres aux denrées de l'alimentation créole. Du jour donc où ils seront possesseurs de terres fertiles, de celles où la canne était autrefois cultivée, du jour où un titre légal, non contestable, leur assurera comme récompense de nombreuses années de travail, la jouissance pour eux et leurs familles du coin de terre qu'ils plantaient en cannes pour leurs patrons, vous les verrez tous continuer pour eux-mêmes cette culture avec laquelle ils ont enrichi leurs engagistes : ici la canne à sucre, là le café, ailleurs le roucou, le cacao, le coton, etc.

Qu'on soit donc sans crainte sous le rapport de la décadence présumée de notre culture coloniale. Ceux qui ont fait la fortune des propriétaires actuels sauront aussi surveiller leurs propres intérêts. D'ailleurs, qu'on accepte notre système de travail, et nous ne serons pas loin d'adhérer à ce que, pendant quelques années, l'autorité protectrice prescrive aux nouveaux propriétaires la continuation de la culture autrefois adoptée dans les lieux dont ils sont devenus possesseurs.

Il nous reste à réfuter un argument qui a été produit par tous les détenteurs du sol.

Au bout d'un certain temps, nous dira-t-on, toutes les grandes propriétés actuelles seront morcelées. Notre but est justement d'atteindre ce résultat, — le morcellement de la terre, — convaincus qu'il n'y aura de repos durable dans le pays que le jour où chacun sera directement intéressé à maintenir l'ordre, à éviter les troubles sociaux qui engendrent la ruine de l'industrie. Le morcellement de la terre, dans tous les pays, voilà l'avenir des sociétés. La France a presque parfait cette œuvre : c'est là une de ces conquêtes durables de la révolution que tous les gouvernements à venir, si par malheur le présent nous échappe, sont tenus de respecter.

Un économiste anglais, que nous sommes heureux d'opposer à la théorie d'Arthur Young, écrivait, à propos de l'avenir de la propriété, qu'il n'était pas bien sûr que le communisme, à l'aide de perfectionnements qu'il croyait possibles, ne deviendrait pas un jour le régime des sociétés civilisées. Cet économiste est Stuard Mill, devenu socialiste presque à son insu et à la suite de profondes études philosophiques. Les colons ne manqueront pas d'infirmer cette audacieuse déclaration d'un des plus glorieux successeurs des Adam Smith et des Malthus. Mais il est une autre théorie moins niveleuse qu'ils admettront peut-être avec tous les économistes du dernier siècle : je veux parler du principe de la propriété comme fruit du travail, principe déjà admis par Locke et plus tard développé avec éclat par Quesnay, Mercier, Turgot, puisqu'il ne faut pas citer à nos planteurs les noms de Rousseau et de Mably.

Qu'on rende donc tous nos travailleurs propriétaires, qu'on les intéresse tous directement au sol, et tous, dans tous les âges, travailleront au maintien de la paix et de la prospérité publiques.

De cette façon, du reste, on rendra à l'agriculture toutes ces grandes propriétés où l'on entassait autrefois un peuple d'esclaves, mais qui ne peuvent plus être exploitées de nos jours avec les moyens dont on dispose. Nous connaissons à la Guadeloupe bien de ces habitations dont les possesseurs n'ont même pas l'espoir d'en cultiver une moitié, et que pourtant ils persistent, dans un sot orgueil, à ne pas louer par morceaux. Un de ces propriétaires tire plus d'argent des herbes que la nature a fait pousser dans ses champs que des maigres cannes qu'il cultive.

Et maintenant, superbes retardataires, accusez les nègres de déserter les plantations ! Oserez-vous encore le faire quand vous voyez un des vôtres accepter une position voisine de l'indigence plutôt que de montrer, par la location de ses terres, qu'il n'a aucune ressource pour les cultiver ?

Vite donc ! qu'on dédommage grassement, s'il en est besoin, ces faux seigneurs, mais qu'au moins ces champs abandonnés soient remis à ceux que la nature a désignés pour en être les possesseurs, à ceux qui seuls peuvent les travailler, qui seuls peuvent les fertiliser. Qu'on commence d'abord, pour ne pas trop froisser des intérêts dont le mobile est puisé autant dans la routine que dans l'orgueil, à diviser entre les travailleurs ce qui reste des domaines coloniaux. Qu'ensuite une bonne loi prescrive que désormais toutes les propriétés dont le Crédit foncier provoquera la vente ne soient vendues que morcelées. De cette façon, bien des propriétaires qui caressent peut-être des rêves d'avenir autres que ceux qui sont permis dans l'état actuel des choses pourront faire l'acquisition de ces terres vendues par morcellement pour récompenser leurs travailleurs et garder ainsi intacte une grande partie de leurs habitations. De cette façon encore l'on évitera ces crises si nombreuses que le Crédit foncier occasionne par la vente en bloc d'une habitation de trois, quatre, cinq cents hectares de terre, pour défaut de paiement, à des individus qui eux-mêmes n'ont pas de quoi faire face à leurs nouveaux engagements.

Ainsi donc, un appel généreux à ce qui reste dans le pays de bras disponibles pour l'agriculture ; le recrutement dans nos possessions d'Afrique d'un millier de travailleurs par an pendant dix ans, pour chacune de nos deux grandes colonies; l'emploi de toutes ces forces unies à la culture de nos terres, la récompense de ces nouveaux pionniers du progrès par la propriété du sol, voilà comment nous entendons régénérer nos colonies, comment nous voulons maintenir leur tranquillité et assurer leur prospérité.

CHAPITRE VIII.

Arrivés à cette partie de notre travail, nous sentons le besoin de rassurer nos coreligionnaires politiques, les nombreux amis de la race nègre, en ce qui concerne le recrutement des travailleurs libres en Afrique.

Le plan d'organisation que nous présentons lève, par lui-même, toute crainte d'oppression, et nous pourrions, en tête de ce chapitre, écrire les paroles suivantes d'un publiciste anglais : « Maintenant que la liberté est bien établie dans nos colonies, il n'y a plus à craindre un changement social, un retour aux iniquités du passé. »

Pourtant, comme le doute peut encore persister chez quelques personnes, nous devons examiner la valeur des arguments à l'aide desquels l'on prétend combattre l'émigration africaine.

Disons d'abord quelques mots des commencements de cette émigration, en dehors du commerce des esclaves.

Dans les premiers mois de l'année 1839, sous le ministère de lord Normanby, les colonies anglaises ayant demandé à recourir à l'émigration africaine pour combler les vides laissés par l'affranchissement de 1838, le gouvernement déclara que des raisons de la plus haute importance s'opposaient à l'introduction des émigrants nègres dans les anciennes colonies à esclaves. C'est que les abolitionistes anglais ne croyaient pas à la pureté des nouvelles opérations de recrutement, — le souvenir de la traite était encore vivant, et le peuple généreux qui avait obtenu en faveur de l'humanité la grande réforme de 1833, ne voulait point, même par un commerce licite, laisser le soupçon peser sur ses opérations.

Mais ce que lord Normanby refusait à cause du peu de temps écoulé depuis l'émancipation, les colonies l'obtinrent à la mort de ce ministre. Un ordre en Conseil, à la date du 30 septembre 1839, permit en effet aux trois colonies de la Jamaïque, de la Guyane et de la Trinidad (1), de recruter des émigrants dans les établissements anglais des côtes occidentales d'Afrique. Plus tard, on prit des mesures pour que *tous* les esclaves de traite dont la liberté serait prononcée par les Commissions mixtes siégeant à Sierra-Leone, à Rio-Janeiro et à la Havane, ou par les Cours de vice-amirauté de Sainte-Hélène et autres, fussent dirigés sur ces mêmes colonies. C'est ainsi que, dans un espace de six ans, finissant en 1846, époque où le recrutement fut autorisé sur tout le littoral libre de l'Afrique :

La Jamaïque reçut........	3.041 Africains.
Guyanne anglaise.........	6.186 —
Trinidad.................	3.181 —
Total........	12.408 Africains.

En 1846, les colonies anglaises, l'île Maurice la première, réclamèrent l'émigration africaine hors des possessions anglaises et de Sainte-Hélène, principal dépôt des noirs affranchis. Le *Times* se fit l'interprète des doléances coloniales, et ses réclamations aboutirent à l'autorisation accordée par le gouvernement britannique au recrutement des Africains de la côte de Krou pour le travail des colonies. La dépêche qui concède cette autorisation porte la signature du comte Grey et la date du 30 octobre 1847.

Ces différentes mesures fournirent aux colonies anglaises 27,000 travailleurs.

Aux colonies françaises, le recrutement des émigrants africains date du décret du 13 février 1852. A cette époque, la loi n'autorisait l'engagement que des populations libres du littoral, et surtout de la côte de Krou. M. Chevalier, du port de Nantes, qui avait déjà introduit à la Guyane quelques centaines de Kroumen, moyennant la prime de 325 fr., passa un contrat avec la Martinique, pour l'introduction dans cette

(1) Ce n'est qu'à partir de 1849 que les petites îles furent admises à participer à cette immigration.

colonie de travailleurs africains, contrat qui fut résilié quelque temps après par l'impossibilité où se trouva ce capitaine de recruter ses émigrants. Il ne réussit, en effet, à introduire dans la colonie que 283 Africains. M. Chevalier ne continua plus à s'occuper que du recrutement de la Guyane.

Il arriva aux colonies françaises ce qui était arrivé aux îles anglaises. L'émigration se faisait lentement ; les populations du littoral commençaient à ne plus croire aux promesses des agents de l'émigration, et les colons criaient toujours à la désertion de leurs plantations.

C'est alors que le département de la marine prit en main l'émigration africaine, et, dépassant le bill anglais du 24 octobre 1846, arraché au comte Grey, autorisa le recrutement sur les territoires où régnait l'esclavage. L'esclave était d'abord racheté à son maître puis transporté aux colonies comme travailleur libre, avec un engagement de dix ans, et remboursait durant cette période 200 fr. à son engagiste, pour les avances faites à son rachat.

Ainsi fut modifié le décret du 13 février 1852 par celui du 14 mars 1857, que les colons obtinrent pour parer aux difficultés d'une situation qu'ils avaient eux-mêmes faite à moitié. Ils avaient fondé leurs réclamations sur ce que le recrutement avec les règlements alors en vigueur était très-difficile; que du reste les essais tentés en 1846 par les colonies anglaises, dans les mêmes limites du recrutement libre, avaient été suivis de peu de succès; 2° que l'émigration indienne était impossible en face du mauvais vouloir du gouvernement anglais de laisser partir ses sujets pour les colonies françaises; que le terme après lequel les sucres coloniaux allaient supporter à leur entrée en France les mêmes droits que le sucre indigène approchait, ce terme étant fixé à l'année 1861. « Eh bien! disaient-ils, pour soutenir cette concurrence, nous ne demandons qu'une chose: des bras! des bras! »

Et pendant ce temps on laissait s'éloigner des ateliers, faute de concessions à la situation nouvelle que la liberté avait créée pour les noirs, une population robuste et honnête déjà habituée à notre culture.

L'introduction aux Antilles des travailleurs africains, d'après les nouveaux règlements de 1857, se fit par les soins de M. Régis, armateur de Marseille. Il devait nous fournir vingt mille émigrants libres, moyennant une prime de 485 francs. Le nombre fut réduit, par la suite, à quatorze mille.

Les premiers convois furent recrutés à Loango, sous la surveillance de M. Huard, médecin de la marine; les autres se formèrent dans le Congo.

Les débuts de l'entreprise de M. Régis furent difficiles. Les bâtiments qui devaient transporter les émigrants restaient parfois plusieurs mois sur rade avant de parfaire leur contingent. Mais bientôt, quand fut adopté et mis à exécution le plan de la création d'un dépôt pour recevoir les engagés dès la signature de leur contrat, les convois purent se succéder plus rapidement, et l'introduction des travailleurs aux colonies des Antilles se marqua par les chiffres suivants :

1re année	2,648
2e Id.	3,824
3e Id.	3,488
4e Id.	2,681
5e Id.	2,364

Ainsi, du 3 janvier 1858 au 20 juillet 1861, la Guadeloupe reçut 5,915 Africains, et la Martinique 9,090, de 1857 au mois d'août 1862.

La Guyane, où M. Chevalier continuait ses opérations de recrutement, vit, sous l'empire du décret de 1857, sa population agricole s'augmenter de 1,520 Africains dont 141 furent introduits par M. Vidal, de Nantes. Ce même armateur avait recruté pour quelques colons de la Martinique un convoi spécial de 342 noirs pendant le cours même des opérations de M. Régis dans cette colonie.

Quant à la Réunion, son voisinage des côtes d'Afrique lui permettait de se procurer assez facilement des travailleurs. Malheureusement des actes illégaux qui attirèrent l'attention du gouvernement portugais sur les opérations de cette colonie le long du littoral mozambique furent cause de la suspension momentanée de l'émigration africaine. Mais elle reprit bientôt après jusqu'à ce qu'un nouveau convoi recruté en dehors des règlements vint provoquer une mésintelligence entre les gouvernements de France et de Portugal et porter le dernier coup à l'émigration africaine. Nous voulons parler de l'affaire si délicate du navire *Charles et Georges*, en 1857, qui fut un des arguments les plus convaincants du cabinet anglais dans les pourparlers que, dès cette année, il entama avec la France pour la cessation du recrutement de travailleurs africains par le *rachat des esclaves*.

On se rappelle, peut-être, le bruit que fit dans le monde politique et économique cette question de l'émigration africaine, devenue irritante par suite, il faut l'avouer, de l'exagération de certains journaux anglais qui, comme le *Daily-News*, furieux de voir l'entreprise en des mains françaises, crièrent sur tous les tons : « La France renouvelle le traité en Afrique. » On se souvient que le débat fut porté au Parlement anglais par lord Brougham, et à la Chambre des Communes par MM. Turner et Buxton. La réponse de lord Palmerston à ces interpellations fut pleine de réserve. Le premier ministre déclara nettement que, quant à lui, il ne suivrait pas le gouvernement impérial dans cette voie ; il manifesta des doutes sur le succès de l'entreprise, et ajouta qu'il était persuadé que le gouvernement français renoncerait à l'opération du recrutement africain, si l'expérience prouvait que cette entreprise devait avoir des résultats contraires aux vues philanthropiques et humanitaires des deux nations alliées.

Voilà ce qui fut dit à la tribune ; mais dans les correspondances diplomatiques les choses n'en restèrent pas là. Des notes très-vives furent échangées entre les deux cabinets, en même temps que le gouvernement anglais s'efforçait d'entraver partout où il le pouvait nos opérations de recrutement.

Enfin, fatigué autant des plaintes des amis de l'humanité que des poursuites peut-être intéressées du gouvernement anglais, l'Empereur ferma l'oreille aux prières des planteurs créoles, et par une lettre en date du 30 octobre 1858, adressée à son cousin, alors ministre de la marine et des colonies, affirma son intention de mettre fin à ce qu'on lui représentait comme une « fraude déguisée. » Dix-huit mois après, le 1er juillet 1861, il signait un décret par lequel devait cesser toute opération de recrutement en Afrique. — C'est ce même décret qui autorisait l'engagement des sujets anglais de l'Inde pour le travail des colonies françaises.

Ce court aperçu de l'histoire de l'émigration africaine aux colonies anglaises et françaises donne lieu à quelques réflexions qu'il est de tout intérêt de consigner ici. En effet, de cette étude se dégagent : 1° la condamnation des mesures autrefois en vigueur ; 2° la nécessité de changer le principe sur lequel reposait notre ancien recrutement de travailleurs africains.

La traite se cachait parfois sous les opérations de M. Régis, de M. Chevalier et de M. Vidal ; elle était renouvelée très-probablement dans le recrutement de Bourbon sur les côtes de Mozambique ; aussi, malgré la différence qui existait entre le but des agents de la colonisation française et le commerce des négriers de Cuba, de Porto-Rico et du Brésil, nous ne pouvons nous empêcher d'applaudir à la cessation d'une telle institution.

Oui, il faut pour l'immigration africaine revenir à des règlements compatibles avec le respect de la dignité humaine et les lois de la conscience ; il faut adopter des mesures qui affranchissent de toute contrainte aussi bien l'Africain que l'Indien. Et comme le recrutement de travailleurs libres en Afrique ne pourrait plus se faire avec les conditions d'autrefois (l'expérience de 1852 l'a prouvé), il faut résolument changer de système et adopter celui qui seul a de l'attrait pour l'homme dont on exige l'expatriation : la propriété du sol au terme de l'engagement.

Après avoir combattu des adversaires politiques, nous devons aux négrophiles les explications que nous avons promises sur le nouveau mode de recrutement que nous proposons en Afrique ; nous leur devons de combattre les arguments que l'on met en avant pour écarter l'Afrique de l'appel que nous faisons aux travailleurs libres.

Au mois de juillet 1848, la Commission instituée pour

l'abolition de l'esclavage s'exprimait ainsi dans son dernier rapport au ministre :

« Pour donner aux colonies des travailleurs, la Commission » ne voudrait pas qu'on renouvelât la traite sous une forme » déguisée. Aussi a-t-elle exclu généralement la côte d'Afri- » que des sources ouvertes à ces essais de recrutement. L'Afri- » que, d'où l'on tire aujourd'hui encore les esclaves, a paru » à la majorité de la Commission un pays trop suspect en » fait de libres émigrants..... »

D'autre part, dans les différentes plaidoiries faites par les sociétés abolitionistes et consignées dans le journal *Anti-Slavery*, pour entraver l'émigration africaine, on représente souvent cette institution comme la cause des guerres qui se font dans l'intérieur de l'Afrique pour approvisionner les marchés à esclaves au moyen des prisonniers que le sort a livrés au vainqueur.

Ainsi donc, pour le parti auquel semble se ranger la Commission de 1848, il y aurait deux raisons principales pour repousser l'émigration d'Afrique : 1° le renouvellement de la traite sous une forme déguisée ; 2° la continuation des guerres de l'intérieur pour l'approvisionnement des marchés à esclaves.

Nous avons depuis longtemps lu avec toute l'attention qu'il mérite le bel ouvrage de Buxton, et certainement le tableau qu'il trace des guerres de l'intérieur, le but qu'il donne à ces fréquentes prises d'armes, sont faits pour augmenter nos scrupules en matière d'émigration. Mais n'y a-t-il pas moyen, en dehors de ces entrepôts où, naguère encore, le négrier allait recruter sa cargaison, de tirer de l'Afrique des hommes libres, des émigrants volontaires, contractant librement et sciemment des engagements pour le travail aux colonies.

Nous le croyons sincèrement :

1° L'émigration africaine, dit-on, renouvellera la traite sous une forme déguisée.

A cela nous répondrons d'abord que tous les règlements sur la répression de la traite n'ont pas empêché les colonies à esclaves de recruter toujours à la côte d'Afrique, témoins les

250,000 esclaves que le Brésil, Cuba et Porto-Rico recevaient encore annuellement, à une époque où des croisières anglaises et françaises harcelaient pourtant les navires négriers. C'est même cette difficulté de réprimer les actes de la traite qui poussa le gouvernement anglais à s'engager dans la voie du recrutement libre, offrant ainsi aux pays à esclaves un moyen de libérer leurs travailleurs sans détruire leurs cultures. Et nous n'hésitons pas à regretter, pour notre part, que dès l'année 1834, lors de l'émancipation aux colonies anglaises, une entente ne se soit pas établie sur cette base entre tous les gouvernements. Ce plan a été développé encore en 1846 par M. Hume, et en 1857 par une députation qui fut admise à exposer ses vues à lord Palmerston.

Et puis, cet argument du renouvellement de la traite peut-il avoir quelque force en face du système épuré de recrutement que nous proposons sous la surveillance directe de l'Administration, comme cela se pratique dans l'Inde ?

Si le succès de l'entreprise nous permet de restreindre le recrutement à nos possessions françaises, il est hors de doute que l'institution, ainsi placée sous le contrôle direct et efficace du gouvernement local, échappera à toute critique. Et si par hasard, ce qui est probable, il nous fallait étendre nos demandes de travailleurs aux parties de la côte voisine de nos possessions, sur le littoral de Krou, dans le royaume de Porto-Novo, qui en 1863 se plaça sous notre protection, il serait facile de donner satisfaction à l'opinion publique, en mettant nos opérations sous la surveillance d'un *résident* agissant au nom des autorités françaises. Et quand, à l'aide de ces moyens honnêtes, les Africains de nos possessions, ceux des côtes et de l'intérieur que l'esclavage ne rive pas à la misère apprendront la nature du contrat libre que nous leur offrons ; quand ils sauront que le terme de leur expatriation sera la jouissance des droits de citoyens et de propriétaires dans un pays libre, à l'abri de tout despotisme qui rappelle la sauvage domination de leurs princes, peut-on douter qu'ils ne répondent avec empressement à l'appel généreux d'une société qui les convie au bonheur et à l'indépendance ! Peut-on hésiter à admettre qu'ils préféreront vivre sur cette terre d'Afrique, inhospitalière même pour ses enfants, sous la menace perpétuelle des injustices, de l'esclavage souvent et du despotisme toujours, plutôt que de gagner le prix offert à leur travail par le contrat d'engagement!

Dès lors, point de contrainte dans le recrutement; l'opération sera facile, et l'humanité n'aura plus à craindre le retour des iniquités qu'engendrait la traite.

L'on nous dira peut-être que, lors des tentatives de recrutement sur le continent africain, le nombre des émigrants libres ne s'est jamais élevé à un chiffre suffisant pour inspirer la confiance dans une nouvelle opération du même genre.

D'abord, rappelons que sous l'empire de *liberté préalable* de l'engagé, l'Angleterre a recruté 27,000 travailleurs. Et puis le projet que nous présentons n'a pas les vues étroites et égoïstes des systèmes antérieurement pratiqués, de 1839 à 1862. Si les tentatives antérieures ont été souvent infructueuses, c'est que le but n'était point le même que le nôtre, c'est que l'émigrant ne voyait au terme de son engagement aucune compensation à ses fatigues, à son exil; c'est enfin, comme nous le dit le docteur J. McCrae, médecin principal de la marine britannique, attaché alors à l'immigration, c'est que «... tel est le résultat que ne peut manquer d'avoir » toujours un manque de foi avec la race africaine. » On avait promis aux amis, aux parents de l'émigrant qu'il reviendrait sous peu, et l'on ne facilitait en aucune façon ce retour. Nous ne dirons pas, nous, à l'Africain qui viendra signer un engagement : « Venez, dans cinq ans vous serez riche et retournerez dans votre pays » nous lui tiendrons cet autre langage : « Venez, là bas le travail des champs vous procurera l'aisance, l'indépendance et la jouissance du sol, toutes choses qui vous sont interdites en Afrique; venez, la récompense de nos labeurs sera le droit de vivre avec nous, membre de notre civilisation, le droit d'être ce que nous sommes — citoyen et propriétaire.

Voilà le charme honnête et non trompeur sur lequel nous comptons pour activer notre recrutement en Afrique.

2° L'émigration africaine pourra-t-elle activer les guerres de l'intérieur faites en vue du commerce des esclaves ?

Cette objection tombe après ce qui vient d'être dit. Ce qui a eu lieu sous l'empire du recrutement par le rachat des esclaves ne pourra plus se reproduire avec un système où la liberté d'action de l'émigrant est exigée préalablement à la signature de son contrat. L'agent en qui le gouvernement aura mis sa confiance veillera attentivement à ce qu'aucun engagement n'ait lieu par voie indirecte, par l'entremise de ces chefs de tribus qui porteraient d'autres noms dans un pays civilisé.

3° Il est une autre objection à laquelle il faut répondre, bien que nous ne soyons plus à l'époque où les pays qui avoisinent l'Afrique maintenaient l'esclavage chez eux. L'émigration africaine, a-t-on dit, offrirait un prétexte plausible aux nations étrangères de recruter leurs ouvriers ou leurs esclaves d'une manière semblable en apparence, mais différente dans le fond parce que le but de cette opération sera toujours l'esclavage.

Cet objection est bien faible aujourd'hui.

Remarquons d'abord, que rien n'empêcherait le Brésil, par exemple, qui vient d'abolir l'esclavage sur son territoire, de se livrer comme nous au recrutement libre en Afrique. Si l'engagement se passe d'après les règlements autrefois en vigueur chez nous et chez nos voisins, nous n'aurons rien à objecter, — le Brésil aura suivi l'exemple de la France et de l'Angleterre après l'émancipation des esclaves de leurs colonies. Si, au contraire, ce que nous appelons de tous nos vœux, les hommes honorables et intelligents placés à la tête du parti libéral et dont quelques uns, dans notre récent voyage, nous ont donné la mesure de leur dévouement à la cause du progrès, prenant en mains la défense des vrais intérêts de leur pays et de l'humanité, arrivent à établir le recrutement sur la base que nous proposons, — la propriété au terme de l'engagement,—ce serait alors le cas d'adresser nos plus sincères félicitations à cet immense empire — république future — pour l'adoption d'un pareil système de travail, le seul qui puisse le mettre, lui et nos colonies, à l'abri de toute crise économique, de toute convulsion politique.

Quant aux îles qui, comme Cuba et Porto-Rico, ne se sont pas tout-à-fait purgées du crime trois fois séculaire de l'exploitation de l'esclavage, nous n'avons pas à nous en inquiéter pour le moment. A l'heure où nous écrivons, la liberté y entreprend une lutte d'où les principes d'humanité et de civilisation sortiront vainqueurs.

Pourtant si, par mégarde, ce duel entre la civilisation et la barbarie, entre l'indépendance et l'oppression était fatal à la cause de la liberté, est-ce que les nations qui ont rayé l'esclavage de leur Code assisteraient silencieuses et indécises à cette tentative audacieuse qui n'aurait pas plus de nom qu'elle ne doit avoir de succès?

Non, ceux qui rêvent un état allemand dans l'Amérique du Sud ne nous ont pas tellement rivés à l'impuissance que l'Espagne, lors même qu'elle deviendrait le partage d'un Hohenzollern, brave à la fois l'humanité et la justice.

CONCLUSION

Nous croyons avoir montré que la désertion des champs par les nègres après l'émancipation de 1848 a été la conséquence du régime arbitraire de l'esclavage. Ceux qui avaient intérêt à maintenir cette institution croyaient bien faire en arrêtant toute velléité de régénération, et le meilleur moyen d'arriver à ce but était, selon eux, de maintenir leurs esclaves dans l'ignorance des engagements que nécessite la liberté. Aussi furent-ils heureux, quand s'écroula l'échafaudage de leurs priviléges, de livrer leurs anciens travailleurs à la société sans idée du progrès, sans notion de l'avenir, afin de faire croire au monde civilisé que « les nègres ne pouvaient point comprendre la liberté. »

Qu'est-il arrivé?

Un résultat prévu : l'affranchi s'éloigna momentanément du travail de la terre.

Mais bientôt, étonnant ses anciens maîtres, il revint à l'atelier et y serait encore aujourd'hui si l'on n'avait pris soin de l'en éloigner par le refus de concessions qu'exigeait pourtant son nouvel état de liberté.

Et quelles étaient ces concessions, indispensables après 1848? Nous l'avons dit : l'augmentation du salaire ou la récompense du travail par la possession du sol.

Les superbes de la réaction ont refusé! Ils ont eu recours à des travailleurs étrangers. — Ils voulaient mâter, disaient-ils, l'indépendance des nègres.

Or aujourd'hui, vingt ans après le fonctionnement du régime par lequel ils ont voulu remplacer le travail libre des gens du pays, voilà que l'on crie de toute part à l'insuffisance des moyens employés pour relever la prospérité de notre culture : l'un s'accuse ruiné par les fortes dépenses que lui occasionnent ses immigrants; l'autre jette de hauts cris pour déclarer que sa fabrication va cesser parce qu'on ne lui envoie pas assez de travailleurs asiatiques; celui-ci s'oppose, pour le même motif, au départ de ses engagés, qui sont pourtant arrivés au terme de leur contrat; celui-là tremble qu'une rupture entre l'Angleterre et la France ne jette le désarroi dans les ateliers. Et pour grossir toutes ces revendications, la colonie demande, à son tour, quand finiront ces votes incessants de lourds impôts pour entretenir une institution purement commerciale jusqu'ici, et qui ne profite qu'aux seuls fabricants de sucre; les magistrats demandent quels sont ces criminels d'un nouveau genre que l'obligation d'un contrat dont ils n'avaient pas conscience pousse aux crimes qui leur ouvrent les portes de la prison. — nouveau genre de liberté pour ces travailleurs étrangers? La morale s'étonne que le robuste et honnête cultivateur créole soit obligé de demeurer inactif ou bien de s'user à un travail qui ne lui donne pas de quoi nourrir sa famille; et de toutes parts, enfin, les gens honnêtes que la vanité, la rancune et le dépit ne gonflent point, les vrais patriotes qui préfèrent le repos et la prospérité de nos colonies à ces demi-mesures qui seront cause d'un bouleversement social un jour, et peut-être de la ruine de notre industrie, s'écrient que le mode d'immigration de nos travailleurs est très-vicieux, qu'il faut en finir avec cette institution anti-économique et anti-sociale.

Oui, l'immigration indienne doit disparaître pour faire place à des travailleurs aptes à vivre de notre civilisation, à concourir à la consolidation du vieil édifice colonial.

Il nous faut des immigrants qui deviennent promptement des hommes, puis des citoyens, enfin des propriétaires intéressés au repos public et à notre fortune industrielle.

Et ces immigrants ne peuvent être autres que ces mêmes Africains dont les ancêtres ont enrichi nos colonies, des Africains librement recrutés et honnêtement récompensés par la possession du sol.

Ce recrutement, pratiqué d'après les règles que nous avons posées, ne nous inspire aucune crainte à l'heure présente. A une époque où l'esclavage existait encore dans les colonies voisines de celles où l'on allait transporter ces nouveaux émigrants, à une époque où le Brésil seul tirait annuellement de l'Afrique cent cinquante mille esclaves, malgré la déclaration si formelle de la législature de ce pays en 1832, qui avait aboli la traite et déclaré libre tout Africain apporté à l'avenir sur le territoire brésilien, il devait paraître, aux abolitionistes téméraires d'entreprendre une œuvre semblable — le recrutement de travailleurs africains hors de nos possessions dans les points mêmes où les négriers venaient exploiter leur affreux métier. Aussi nous ne nous étonnons nullement que la mesure économique arrachée en 1846 au comte Grey, et en 1857 au gouvernement de l'Empereur, ait irrité les sentiments humanitaires des amis de Wilberforce, de lord Stanley et de Schœlcher.

Nous partageons, nous aussi, les sentiments de défiance qui donnèrent naissance à la fameuse protestation des abolinistes anglais, et s'emparèrent de nos amis pour le travail africain aux colonies françaises.

Mais aujourd'hui que l'esclavage est aboli dans l'Atlantique, aujourd'hui que « la liberté est bien assise, qu'il n'y a plus à craindre un retour aux iniquités du passé, » il ne serait ni politique de rejeter l'émigration des travailleurs libres d'Afrique qui seule peut relever l'industrie coloniale, ni humain d'empêcher l'essai de la régénération de ce peuple par le contact de la civilisation. Il serait injuste, sous prétexte de ne pas activer les guerres incessantes que les petits despotes africains se font entre eux, de laisser à la merci de tous les caprices des hommes libres qui sont là-bas sous la continuelle menace de l'esclavage. Il serait hideux enfin de laisser dans l'abrutissement, sans profit pour la grande famille humaine, de robustes travailleurs que nous pouvons rendre propriétaires chez nous, et qui deviendront par le travail le trait d'union entre deux races quelquefois hostiles.

L'immigration africaine, voilà le seul remède au désarroi de nos ateliers.

La terre après l'engagement, voilà la seule solution honnête du problème de notre prospérité industrielle.

Paris.— Imprimerie de E. BRIÈRE, rue Saint-Honoré, 257.

www.ingramcontent.com/pod-product-compliance
Ingram Content Group UK Ltd.
Pitfield, Milton Keynes, MK11 3LW, UK
UKHW021144230726
13926UKWH00002B/913

9 782019 129682